出境旅行
助手丛书

# 土耳其 Turkey
## 旅行助手
### 无微不至的旅行管家

《出境旅行助手》编辑部 编著

北京·旅游教育出版社

# 写在前面 FOREWO

旅行是一种体验,也是一种记忆。

背上行囊,开始远行。书在包中,包在肩上,路在脚下。

出境旅行助手丛书,是实现旅行梦想的工具,是答疑解惑的管家,是收藏记忆的百宝箱。我们以碎片化、图表化的结构,将旅行中可能会遇到的各种问题,直观呈现解决方案,让读者能在最短的时间内,规划出属于自己独一无二的行程,完成一次美好的旅行。

**作为旅行助手**,我们为您提供了最实用的旅行问题解决方案,随时静候查询:

—— 如何办理护照与签证?
—— 怎样订机票最便宜?
—— 如何解决目的地住宿?
—— 境外刷卡有什么要求?
—— 在境外如何打电话?
—— 出发时要带什么行李?
—— 如何从机场前往市区?
—— 哪些 APP 最实用?
—— 遇到了意外情况怎么办?

**作为贴心管家**,我们为您做出了科学的行程规划,吃住行游购娱,样样精心安排:

—— 吃什么最地道?
—— 住哪里最合适?
—— 怎样出行最便捷?
—— 去哪玩最经典?
—— 买什么最实惠?
—— 玩什么最尽兴?

凡此种种,对于一个出境游经验不甚丰富的人来说,都是迫切需要解决的问题。

我们还以"过来人经验谈"的形式,晒出了数十位旅游达人的亲身体验,以期更加深入地与读者分享旅途中的点点滴滴……

说走就走,是旅行的号角;充分准备,是旅行的保障。著名作家王小波曾经说过:"当一切都开始了以后,这世界上再没有什么可怕的事。"Lonely Planet 创始人托尼·惠勒也曾说过:"当你下定决心准备出发时,最困难的时刻就已经过去了。"

亲爱的读者,还在等什么?快把我装进包中,一起出发吧!

## PS 本书写了什么?

土耳其地处欧亚交汇之地,是出境游的热门目的地之一。《土耳其旅行助手》浓墨重彩地介绍了"去土耳其要做的9件事""4大步骤详解出入境""土耳其扫货必备攻略""吃出正宗土耳其味道"等内容。从行前准备到游玩攻略,从出入境到机票预订、酒店预订、热气球预订等,都事无巨细地进行了梳理,是国内游客前往土耳其旅行的贴心助手和专业管家。

# 尊重当地宗教信仰 1

 过来人经验谈

**小懒猫·女·慵懒才是旅行的真谛**

多数土耳其人都信仰伊斯兰教,他们禁食一切外形丑陋和不洁之物,如甲鱼、螃蟹等;还忌讳使用违禁制品和谈一些违禁品的言论。所以,在前往土耳其前有必要对土耳其的礼仪习俗做个了解,以免做出一些不符合当地风俗礼仪习惯的事,从而引起不必要的误会或笑话。

**朕是女汉子·女·时尚女青年**

土耳其信奉基督教的人忌讳数字"13",认为"13"是个不祥的数字,有预兆厄运和灾难的可能。因此无论做什么事情,他们都会设法回避这个数字。在土耳其旅游的过程中如果接触到了基督教的信奉者,需要格外注意。

**黛尽青丝·女·吃是旅行最重要的组成部分**

土耳其的一些礼仪习俗与中国有一定的差异。土耳其人忌讳左手传递东西或食物,他们认为左手是不洁的,使用左手传递东西或食物是对人的极大不敬,并有污辱人的嫌疑。

# 土耳其旅行特别提示

 **管家提示**

随着近几年来自世界各地的游客增多，土耳其正在显示着它的包容性，而对宗教信仰无须过于紧张，只需要在日常的游览过程中稍加注意即可。如果真的因为不够了解而犯了一些小"错误"，在解释并且真诚道歉之后，都是能够被原谅的。

## 日常行为需注意 2

 过来人经验谈

 **Summer冷·女·每座城市都有自己的温度**

土耳其人吃牛羊肉比较多，长得都很魁梧。土耳其公民能够合法拥有枪支，所以，和国内相比，土耳其社会治安的相对不安定因素要多一些。在土耳其旅游的过程中，如果和当地人产生误会，切记不要冲动，应当心平气和地将误会解释清楚。如果遇到"宰客"等不法行为，应当保留证据，与当地大使馆联系。

NOTE

**墨染殇雪·男·爱生活，爱旅行**

　　土耳其人爱干净是出了名的，街上随处可见的浴室便体现了这一点。在干净的街道上，千万不要随手扔垃圾。另外，土耳其人还特别喜欢喷香水，面对味道比较浓烈的香水时，最好不要皱着眉头捂鼻子，那样对人太不尊敬，默不作声地稍稍离远一些就行了。

 **凡夫俗子·男·老骥伏枥，志在千里。烈士暮年，壮心不已**

　　土耳其是禁烟国家，在土耳其的机场、酒店、餐厅等公共场所内是禁止吸烟的。有吸烟习惯的游客们需要格外注意。部分高档酒店会提供可吸烟的房间或休息室，可在预订酒店的时候提前咨询。

 **管家提示**

　　土耳其是一个注重礼仪的国家，在日常生活中，土耳其人待人接物都表现得谦恭有礼、讲究礼节。土耳其人在与客人见面时，一般都是先互致问候，然后握手，不过握手一般是男性与男性之间进行的，女性之间很少有握手习惯。他们的握手礼仪和中国差不多，如果外国男性要和当地女性握手，一定要先得到对方的同意。而外国女性则可以主动伸手握手。握手时禁忌使用左手，因为那样是不礼貌的。

# 小费一定记得给

 过来人经验谈

 **Summer冷·女·每座城市都有自己的温度**

去土耳其之前,一直认为土耳其没有小费习俗。可是到了土耳其才发现,你不给小费都不好意思。出租车司机辛辛苦苦给你搬运行李,酒店小哥殷勤地把行李给你送到房间,你好意思不给人家小费吗?好在不用给太多,2里拉就行,听说也有只给1里拉的,但毕竟不是美元,觉得有点太少,一般都是给2里拉,遇到长得帅的也会大方给5里拉。

**黛尽青丝·女·吃是旅行最重要的组成部分**

随着土耳其旅游业的发展和兴盛,各个行业收小费的习惯已经逐渐养成。乘坐出租车时一般要给10%的小费;在高档的酒店和餐厅,除了15%的小费会在账单中直接扣除外,还需要加付10%的小费给服务人员。

**管家提示**

在土耳其入住中高档酒店的时候,需要给帮忙运送行李的服务生小费,一般1~2里拉。经济型酒店一般没有专门的服务生,也就不需要给小费了。在高档餐厅用餐时一般给小费总金额的10%作为小费。在普通的快餐店、大众餐馆用餐,也可以不用支付小费。乘坐出租车的时候,如果出租车司机帮忙搬运大件行李,需要支付车费的10%作为小费,也可以直接不找零。

# 景点观光要知礼

**4**

 过来人经验谈

 **小懒猫·女·慵懒才是旅行的真谛**

来到土耳其,参观清真寺是必不可少的。清真寺作为一个神圣的宗教场所,要求游客遵守一些礼仪。当参观清真寺时,要记得脱鞋进入,女性记得包头巾,男士记得脱帽。

 **朕是女汉子·女·时尚女青年**

在土耳其,当地女性出门需要以纱巾遮面,并且不能露出自己的胳膊。在她们看来,穿着暴露是不对的。现在欧美的游客多了起来,土耳其人对穿着短袖、背心的游客也是见怪不怪了。穿着短裤、背心在大马路上走一走,问题不大;但是参观寺庙的时候,穿长裤、长袖,女性包头巾,还是十分必要的。

 **墨染殇雪 · 男 · 爱生活，爱旅行**

在土耳其的很多地方，拍照也是很忌讳的。例如，在清真寺内不能拍照。虽然很多清真寺超级漂亮，用手机也很容易偷拍，但毕竟人家有这样的规定，还是应该遵守。在一些比较偏僻的乡村，很多老年人很忌讳拍照，所以千万不要在没有征得对方同意的时候贸然举起相机对着当地人。另外，土耳其有很多巡逻的警察，长得都很帅，总是能够看到很多"花痴"举着单反就朝着他们"咔嚓、咔嚓"拍照，很没礼貌。警察正在做自己的工作，突然被别人围起来拍照，是多么荒唐的一件事情啊。即便是帅极了，"花痴"们最起码也应该跟被拍照人打个招呼，同意了再拍也来得及。

 **说书人 · 男 · 走过一片土地，爱上那一群人**

参观清真寺时不能拍照，女士一定要用围巾包头，男女都要脱鞋。番红花城整个路面都是用较大的鹅卵石铺成，游览时尽量穿着舒服的鞋子。博物馆基本上都在 17:00 左右关门，游玩时请注意把握好时间。

 **管家提示**

参观土耳其的寺庙有着严格的要求：男性不能穿拖鞋、短裤、背心，女性不能穿半袖、裙子，并且女性一定要将头发包裹起来。清真寺内不允许拍照。寺庙每天做 5 次祷告，计划参观的游客应当合理安排好自己的时间。

# 目录 CONTENTS

**亮点　4 大特色抢鲜读**
- 16　NO.1 微信互动
- 16　NO.2 过来人经验谈
- 16　NO.3 速查速知
- 16　NO.4 管家提示

**游季　土耳其四季旅行月历**
- 17　春季
- 18　夏季
- 20　秋季
- 21　冬季

**体验　5 大玩法必体验**
- 22　NO.1 体验欧亚文化的碰撞
- 22　NO.2 感受来自信仰的力量
- 23　NO.3 情迷绚丽的地质奇观
- 23　NO.4 品味多样土耳其美食
- 23　NO.5 奇特的热气球之旅

**导读　4 条线路玩转土耳其**
- 24　畅游全境
- 32　相遇"棉花堡"
- 36　乘坐热气球

## Part 1
## 去土耳其要做的 9 件事

**NO.1　如何办理护照与签证**
- 48　**过来人经验谈**
- 48　认识普通护照
- 48　熟知护照办理流程
- 50　方便快捷的电子签证
- 50　电子签证办理流程
- 53　**管家提示**

**NO.2　制订详细的旅行计划**
- 54　**过来人经验谈**
- 55　查找相关资料
- 56　挑选适合城市
- 56　做出旅行预算
- 57　打印行程安排
- 57　**管家提示**

**NO.3　去土耳其怎样订机票**
- 58　**过来人经验谈**
- 59　常用的机票预订网站
- 59　直飞土耳其的航班
- 60　廉价机票购买秘籍
- 61　机票预订不可忽略的事
- 61　图解土耳其机票预订流程
- 63　**管家提示**

**NO.4　预订酒店就是这么简单**
- 64　**过来人经验谈**
- 65　土耳其常见的酒店类型
- 66　最常用的酒店预订网站
- 67　酒店预订不可忽略的事情
- 67　**管家提示**

**NO.5　有钱没钱都别任性**
- 70　**过来人经验谈**

## Part 2
## 4 大步骤详解出入境

### NO.1　中国出境别大意
- 92　过来人经验谈
- 93　提早出发不慌张
- 95　入境免税物品早知道
- 95　**管家提示**

### NO.2　入境土耳其别慌张
- 96　过来人经验谈
- 97　入境审查不紧张
- 97　行李领取不出错
- 98　出关之后先别走
- 98　一招适应土耳其时间
- 98　**管家提示**

### NO.3　从机场前往市区
- 99　过来人经验谈
- 99　从阿塔图尔克国际机场前往市区
- 101　从萨比哈·格克琴国际机场前往市区
- 101　从安卡拉埃森博阿国际机场前往市区
- 102　从阿德南门德雷斯机场前往市区
- 103　从卡帕多西亚机场前往格雷梅小镇
- 103　提车自驾前往市区
- 103　**管家提示**

### NO.4　安全离境那些事
- 104　过来人经验谈
- 104　办理离境手续
- 105　离境检查
- 105　关于行李的规定
- 105　**管家提示**

- 71　在土耳其使用什么货币
- 72　在土耳其能用哪些银行卡
- 73　带多少现金合适
- 73　**管家提示**

### NO.6　行李打包就是如此省心
- 74　过来人经验谈
- 75　必备物品不可少
- 75　做个行李备忘录
- 77　行李打包窍门
- 77　**管家提示**

### NO.7　随时随地保持联系
- 78　过来人经验谈
- 79　方便快捷的国际漫游
- 81　省钱的电话卡
- 81　教亲人与你联系
- 82　不可错过的免费网络
- 82　**管家提示**

### NO.8　保险为你的旅行保驾护航
- 83　过来人经验谈
- 83　哪些保险公司靠谱
- 84　花小钱换大保障
- 84　**管家提示**

### NO.9　下载 APP 为旅行加分
- 85　过来人经验谈
- 85　找路用谷歌地图
- 86　订房看 Booking
- 86　游玩就靠猫途鹰
- 87　实用的就是土耳其自助游攻略
- 87　交流就靠翻译官
- 88　怕迷路用离线地图
- 88　**管家提示**

### NO.5 专题：在土耳其如何乘公共交通工具
- 106 在土耳其乘地铁
- 108 在土耳其乘公交车
- 109 在土耳其乘有轨电车
- 109 在土耳其乘出租车
- 110 在土耳其乘船

- 127 常见的土耳其廉价航空公司
- 128 图解土耳其境内机票预订流程
- 130 管家提示

### NO.5 热气球预订
- 131 过来人经验谈
- 132 土耳其热气球公司
- 133 图解热气球预订流程
- 134 惊险刺激的滑翔伞
- 135 管家提示

## Part 3
### 境内预订，看这些就够

#### NO.1 火车票预订
- 114 过来人经验谈
- 114 土耳其的热门火车线路
- 116 熟知火车车次查询流程
- 119 掌握火车站位置
- 119 管家提示

#### NO.2 巴士票预订
- 120 过来人经验谈
- 121 畅行土耳其的巴士
- 121 掌握长途巴士站位置
- 122 图解巴士票预订流程
- 124 管家提示

#### NO.3 门票预订
- 125 过来人经验谈
- 125 省时省钱的优惠票/卡
- 126 预订门票的靠谱网站
- 126 管家提示

#### NO.4 机票预订
- 127 过来人经验谈

## Part 4
### 吃出正宗土耳其味道

#### NO.1 土耳其有什么好吃的
- 138 过来人经验谈
- 139 平常都爱吃这些
- 140 具有清真地方特色
- 140 管家提示

#### NO.2 餐馆分布早知道
- 141 过来人经验谈
- 142 土耳其餐馆主要类型
- 142 热门城市餐馆资讯
- 146 寻找土耳其的中餐馆
- 147 管家提示

#### NO.3 像当地人一样用餐
- 148 过来人经验谈
- 148 土耳其人一日三餐吃什么
- 149 达人教你看菜单
- 149 不可不知的用餐注意事项
- 149 管家提示

#### NO.4 结账方式的选择
- 150 过来人经验谈
- 150 结账方式的选择
- 151 小费支付有窍门
- 151 管家提示

# Part 5 土耳其扫货必备攻略

## NO.1 土耳其扫货就爱买这些
- 154 **过来人经验谈**
- 155 地毯
- 155 海泡石制品
- 155 丝绸
- 155 红茶托盘及红茶杯组
- 156 手工珠宝
- 156 土耳其传统木制工艺品
- 156 蓝眼睛
- 156 装饰陶瓷及彩蛋
- 156 **管家提示**

## NO.2 购物去这里最合适
- 157 **过来人经验谈**
- 157 传统集市
- 158 商业街区
- 159 大型商场
- 160 其他购物商店
- 162 **管家提示**

## NO.3 掌握购物必备技能
- 163 **过来人经验谈**
- 163 哪些地方能砍价
- 164 掌握省钱窍门
- 164 **管家提示**

## NO.4 说说退税那些事
- 165 **过来人经验谈**
- 165 在土耳其哪里购物可以退税
- 166 在土耳其如何办理退税
- 166 旅行者退税流程
- 167 **管家提示**

## NO.5 买多了东西怎么办
- 168 **过来人经验谈**
- 168 行李托运还是带上飞机
- 168 海关对携带物品出境的要求
- 169 邮寄回国更省事
- 169 **管家提示**

# Part 6 如何在土耳其自驾游

## NO.1 准备
- 172 **过来人经验谈**
- 172 了解土耳其的公路状况
- 172 确定行程与路线
- 173 买一份双语土耳其地图
- 173 提前办理相关证件
- 173 **管家提示**

## NO.2 租车
- 174 **过来人经验谈**
- 175 租车自驾需具备的条件
- 175 学会挑选租车公司与车型
- 175 学会网上租车
- 176 **管家提示**

## NO.3 提车
- 177 **过来人经验谈**
- 178 机场提车
- 178 前往租车公司网点提车
- 178 学会办理手续
- 179 提车注意事项
- 180 **管家提示**

## NO.4 驾车
- 181 **过来人经验谈**
- 181 了解当地驾车习惯
- 182 故障/违章/意外事故处理
- 183 随车设备有备无患
- 183 **管家提示**

## NO.5 还车
- 184 **过来人经验谈**
- 184 机场还车方便快捷
- 185 异地还车省时省力
- 185 **管家提示**

# Part 7　土耳其主题游精选

## NO.1　热气球观光之旅
- 188　**过来人经验谈**
- 189　格雷梅露天博物馆
- 190　格雷梅国家公园
- 190　玫瑰谷
- 190　迪夫里特峡谷
- 190　**管家提示**

## NO.2　清真寺之旅
- 191　**过来人经验谈**
- 191　蓝色清真寺
- 192　圣索菲亚大教堂
- 192　耶尼清真寺
- 193　苏莱曼清真寺
- 193　哈慈拜拉姆清真寺
- 193　**管家提示**

## NO.3　古典文化之旅
- 194　**过来人经验谈**
- 195　伊斯坦布尔老城区
- 195　托普卡帕皇宫
- 196　地下水宫
- 197　多尔玛巴赫切宫
- 197　特洛伊古城

- 198　安卡拉城堡
- 198　以弗所大剧院
- 199　塞尔苏斯图书馆
- 199　赫拉波利斯遗址
- 200　安塔利亚钟塔
- 200　哈德良门
- 200　**管家提示**

## NO.4　博物馆之旅
- 201　**过来人经验谈**
- 202　伊斯坦布尔考古博物馆
- 202　土耳其和伊斯兰艺术博物馆
- 203　安纳托利亚文明博物馆
- 203　安卡拉国家油画及雕塑博物馆
- 204　布尔萨城市博物馆
- 204　费特希耶博物馆
- 204　恰纳卡莱考古博物馆
- 205　伊兹密尔民间文物博物馆
- 205　安塔利亚考古博物馆
- 206　以弗所考古博物馆
- 206　**管家提示**

## NO.5　人文生活之旅
- 207　**过来人经验谈**
- 208　大巴扎
- 208　埃及巴扎
- 209　海赛克胡伦公共浴场
- 209　千百里塔石土耳其浴室
- 210　帕穆卡莱温泉
- 210　古罗马浴场遗迹
- 210　**管家提示**

## NO.6　自然风光之旅
- 211　**过来人经验谈**
- 212　博斯普鲁斯海峡
- 212　帕穆卡莱
- 212　达达尼尔海峡
- 213　博兹贾岛
- 213　滨海散步大道
- 213　切什梅
- 213　**管家提示**

## Part 8
## 突发情况从容应对

### NO.1　物品丢失怎么办
216　**过来人经验谈**
217　机票丢失
217　护照丢失
218　银行卡丢失
220　行李丢失
220　遇到小偷
220　**管家提示**

### NO.2　如何应对身体不适
221　**过来人经验谈**
221　去哪里买药
223　食物中毒
223　普通感冒
223　突发疾病
223　**管家提示**

### NO.3　其他突发事件
224　**过来人经验谈**
225　迷路了怎么办
225．卫生间的那点事
225　**管家提示**

**专题：带小孩游土耳其**
226　签证
226　机票
227　游玩
227　购物
228　饮食
228　**管家提示**

**专题：陪老人游土耳其**
229　游玩
230　饮食
230　住宿

## Part 9
## 附录

234　土耳其行政区划
237　中国驻土耳其使领馆
237　土耳其驻中国使领馆
237　土耳其应急电话
238　土耳其各机构运营时间
238　女性与儿童健康

# 亮点
## HIGHLIGHT

4大特色抢鲜读

### NO.1 微信互动
关注我们的微信公共平台"境外旅行助手"（微信号：cjlvzs），动动手指就能获取境外旅行资讯、攻略、小技巧，让旅途更加轻松、多姿多彩。

### NO.2 过来人经验谈
过来人告诉你如何游玩土耳其，让你消除对土耳其的陌生感。不管是办护照、签证，还是入境，甚至如何吃、住、行、游、购等，都能从过来人的讲述中汲取经验。

### NO.3 速查速知
快速获取土耳其应急电话、中国驻土耳其使领馆、土耳其主要旅游网站、土耳其主要城市地铁交通图、土耳其世界遗产等信息。

### NO.4 管家提示
管家提示无微不至，从计划去土耳其到从土耳其回来面面俱到，让你用最简单、省心的方式畅游土耳其。

# 游季

## 土耳其四季旅行月历

### 春季 2~4月

👕 **穿衣指数**

**白天：** 平均12℃，建议穿呢子大衣、风衣、抓绒裤等衣物。

**夜间：** 平均5℃，建议穿风衣、大衣、毛衣、防寒服、保暖裤等衣物。

## 🌡 温度

| 伊斯坦布尔春季气温 | | | |
|---|---|---|---|
| 月份 | 2月 | 3月 | 4月 |
| 日均最高气温 | 9℃ | 11℃ | 16℃ |
| 日均最低气温 | 3℃ | 4℃ | 8℃ |

## 🎈 节日及节庆

| 时间 | 节日及节庆 |
|---|---|
| 2月 | — |
| 3月 | 麦加朝圣日（3月16日）、牺牲大典（3月17日） |
| 4月 | 传统梅斯尔糖果节（4月1日~4月7日）、国家主权及儿童日（4月23日）、伊斯坦布尔国际电影节（4月17日~5月2日）、安卡拉国际电影节（4月26日~5月9日） |

## 📷 适合游玩之地

| 春季适合游玩地资讯 | | |
|---|---|---|
| 名称 | 地址 | 交通 |
| 蓝色清真寺 | 伊斯坦布尔 Meydanı 街7号 | 在伊斯坦布尔乘坐有轨电车至 Sultanahmet 站下 |
| 格雷梅露天博物馆 | 内夫谢希尔格雷梅镇 | 格雷梅城东约1千米，步行可到 |
| 多尔玛巴赫切宫 | 伊斯坦布尔贝西克塔斯 Caddesi 街 | 在伊斯坦布尔乘坐有轨电车至 kabatas 站下 |
| 特洛伊古城 | 恰纳卡莱南部约32千米 | 在恰纳卡莱搭乘小巴士可到达 |

## 夏季
### 5~7月

### 👕 穿衣指数

**白天：** 平均30℃，建议穿薄长裙、防晒外套、半袖T恤等清凉透气的衣服。

**夜间：** 平均19℃，建议穿长裤、薄外套、半袖T恤、长袖外衣、风衣等衣服。

## 🌡 温度

| 安塔利亚夏季气温 | | | |
|---|---|---|---|
| 月份 | 5月 | 6月 | 7月 |
| 日均最高气温 | 25℃ | 30℃ | 34℃ |
| 日均最低气温 | 15℃ | 19℃ | 22℃ |

## 🎈 节日及节庆

| 时间 | 节日及节庆 |
|---|---|
| 5月 | 青年和体育节（5月19日）、伊斯坦布尔国际戏剧节（5月30日~6月2日）、吉桑阿克苏黑海节（5月20日） |
| 6月 | 伊斯坦布尔国际音乐节（6月6日~7月2日） |
| 7月 | 开斋节（伊斯兰历10月1日）、伊斯坦布尔国际爵士乐节（7月7日~7月18日） |

## 📷 适合游玩之地

| 夏季适合游玩地资讯 | | |
|---|---|---|
| 名称 | 地址 | 交通 |
| 圣索菲亚大教堂 | 伊斯坦布尔清真寺广场 | 在伊斯坦布尔乘坐有轨电车至Sultanahmet站下 |
| 苏莱曼清真寺 | 伊斯坦布尔市集区萨米尔·西迪基教授修复街 | 在伊斯坦布尔乘坐有轨电车至Beyazıt站下 |
| 地下水宫 | 伊斯坦布尔Sultanahmet广场 | 在伊斯坦布尔乘坐有轨电车至Sultanahmet站下 |
| 安塔利亚老城 | 安塔利亚卡雷奇历史街区 | 在安塔利亚乘坐有轨电车到Ismetpasa站下 |
| 帕穆卡莱温泉（棉花堡） | 帕穆卡莱小镇 | 在代尼兹利（Denizli）火车站下车，然后换小巴去棉花堡，因为这里有火车站和汽车站，往返交通便利 |

# 秋季 8~10月

## 👕 穿衣指数

**白天：** 平均25℃，建议穿长袖T恤、棉麻面料的衬衫、长裤、长裙、薄外套等衣服。

**夜间：** 平均15℃，建议穿毛线外套、长裤、薄毛衣、长裙、休闲装、夹克衫等衣服。

## 🌡 温度

| 伊斯坦布尔秋季气温 | | | |
|---|---|---|---|
| 月份 | 8月 | 9月 | 10月 |
| 日均最高气温 | 28℃ | 25℃ | 20℃ |
| 日均最低气温 | 19℃ | 16℃ | 12℃ |

## 🎈 节日及节庆

| 时间 | 节日及节庆 |
|---|---|
| 8月 | 武装战斗节（8月26日） |
| 9月 | 古尔邦节（又称为宰牲节，伊斯兰历12月10日） |
| 10月 | 独立日（10月29日） |

## 📷 适合游玩之地

| 秋季适合游玩地资讯 | | |
|---|---|---|
| 名称 | 地址 | 交通 |
| 托普卡帕皇宫 | 伊斯坦布尔巴布帝国大道 | 在伊斯坦布尔乘坐有轨电车至Sultanahmet站或GülhaneTopkapiPalace站下 |
| 土耳其和伊斯兰艺术博物馆 | 伊斯坦布尔宪法大道65号 | 在伊斯坦布尔乘坐电车至Karaköy站下 |
| 相耶尼清真寺 | 伊斯坦布尔Meydani街 | 在伊斯坦布尔乘坐有轨电车至Eminonu站下 |
| 玫瑰谷 | Aydinli Mahallesi, Yavuz Sokak No:1, 50180 Goreme | 从开塞利机场乘坐大巴到达卡帕多西亚格雷梅小镇，乘坐热气球或ATV可欣赏到玫瑰谷美景 |

# 冬季
## 11月至次年1月

### 👕 穿衣指数
**白天：** 平均18℃，建议穿抓绒衣、厚外套、风衣等衣服，戴墨镜、太阳帽等。

**夜间：** 平均8℃，建议穿冲锋衣、风衣等防风外套以及长袖T恤等衣物。

### 🌡 温度

| 安塔利亚冬季气温 | | | |
|---|---|---|---|
| 月份 | 11月 | 12月 | 1月 |
| 日均最高气温 | 21℃ | 17℃ | 15℃ |
| 日均最低气温 | 11℃ | 8℃ | 6℃ |

### 🎈 节日及节庆

| 时间 | 节日及节庆 |
|---|---|
| 11月 | 一 |
| 12月 | 梅乌拉那纪念日（12月中旬）、圣·尼古拉斯国际纪念日（12月6日）、鲁米纪念大典（12月10日~12月17日） |
| 1月 | 新年（1月1日） |

### 📷 适合游玩之地

| 冬季适合游玩地资讯 | | |
|---|---|---|
| 名称 | 地址 | 交通 |
| 伊斯坦布尔考古博物馆 | 伊斯坦布尔 Cankurtaran 街 | 在伊斯坦布尔乘坐有轨电车至 Gülhane 站下 |
| 安塔利亚考古博物馆 | 安塔利亚 Bahcelievler 大道 | 从安塔利亚老城区乘坐有轨电车至 Muze 站下 |

# 体验

## 5 大玩法必体验

# EXPERIENCE

### NO.1 体验欧亚文化的碰撞

行走在土耳其的街道上,扑面而来的文化气息里,夹杂着欧洲的奔放与亚洲的内敛。在这个文化交融碰撞的国度里,无论是充满希腊风格的阿拉恰特小镇,还是有着亚洲风情的安塔利亚,都已经成为了这个国家灵魂的一部分。

### NO.2 感受来自信仰的力量

在土耳其的城市里,总有那么几座壮观的建筑,当你靠近它们时,会被从里面传出来的礼拜声音所震撼。当你与土耳其人擦肩而过,当你看到他们恪守教义,当你看到他们虔心诵经,就会从内心生出一种对他们的敬意,这就是来自信仰的力量。

## NO.3 情迷绚丽的地质奇观

蓝白相间的棉花堡，是大自然赐予土耳其的礼物。一座座山丘如同白莲花般盛开，一汪汪淡蓝的泉水如同翡翠般镶嵌其间。赤脚走在碧波中，看大朵大朵的"棉花"矗立在山丘上，特别是日落时分的壮观美景，更让人情迷其间。

## NO.4 品味多样土耳其美食

作为世界三大美食国之一的土耳其，美食的品种数不胜数，而口味则更是独具特色。到了土耳其有吃不够的烤肉、各类烤蔬菜串、随处可见的芝麻面包圈、甜到掉牙的土耳其冰激凌以及口味独特的酸奶、奶酪等众多美食等着你。

## NO.5 奇特的热气球之旅

在土耳其乘坐热气球是独特的体验，已经成为越来越多游客们的选择。早晨乘坐热气球与太阳一同升起，在高空看阳光将大地点亮的过程，再加上玫瑰谷、"精灵烟囱"等独特而又壮观的美丽场景，一次热气球之旅，肯定会让你的土耳其之旅变得更加难忘。

**导读 | 4条线路玩转土耳其**

# 畅游全境

**线路1:伊斯坦布尔→安卡拉→卡帕多西亚→科尼亚→安塔利亚→帕穆卡莱→塞尔丘克→伊兹密尔→恰纳卡莱→伊斯坦布尔**

 过来人经验谈

 **小懒猫·女·慵懒才是旅行的真谛**

对伊斯坦布尔印象最深刻的就是圣索菲亚大教堂了,最初看见的时候,它衬着蓝天白云,真是极美的。我以为历经了那么多年的历史沉淀,大教堂会显得十分沧桑,但是没想到,见到的圣索菲亚大教堂显得年轻而充满活力,在看到圣索菲亚大教堂的那一刻,不得不感慨土耳其人民对古迹保护用心至极。

 **朕是女汉子·女·时尚女青年**

在安塔利亚如果想去西戴玩,还是在当地报个一日游的团比较省事,坐车等都很方便,更何况还有讲解,多少能长点知识。不喜欢报团也可以自己去，在安塔利亚的长途巴士站坐车就能到西戴。这个车站由两个大型车站组成：一个是城际车站，提供长途运输服务；一个是省内车站，发出的车辆开往附近城市，如西戴和阿拉尼亚等。坐大巴中途还需要转一次车，单程差不多要1.5小时。然后到了西戴，就只能自己瞎逛了。

 **墨染殇雪·男·爱生活，爱旅行**

去安塔利亚玩，只是因为看到好多人推荐，说是一个非常漂亮的海滨小城。到了之后发现果然漂亮，虽然面积不大，但是什么设施都很完善，是美国电影里007、FBI侦探之类的人选择度假的地方，非常自在。

**说书人·男·走过一片土地，爱上那一群人**

塞尔丘克很小，坐车到哪里都是20里拉。我订的宾馆Boomerang Guest House（布莫朗宾馆）走路5分钟就到巴士站，去火车站（坐车1小时可到伊兹密尔机场站）步行也就10分钟的时间，交通非常方便。

▲ 线路1（畅游全境）示意图

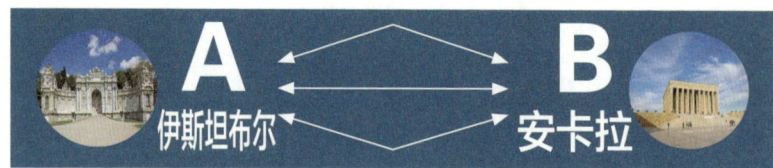

## A 伊斯坦布尔 ⇌ B 安卡拉

### ——乘飞机——

从伊斯坦布尔萨比哈·格克琴国际机场到安卡拉机场乘坐飞机约1小时，费用为50～150里拉，主要有土耳其航空公司与飞马航空公司提供的TK7258、TK7254、TK7256、PC4102、PC108、PC4100等航班。

### ——乘火车——

从伊斯坦布尔Pendik火车站乘坐火车到安卡拉，最快的火车车次约3.5小时，费用为70里拉，每天（7:00～18:25）有5趟列车。

### ——乘长途巴士——

从伊斯坦布尔亚洲区汽车总站（Harem Otogar）乘坐长途巴士前往安卡拉约需6个小时。

> **游玩特色**
>
> 安卡拉（Ankara）是土耳其的首都，是仅次于伊斯坦布尔的第二大城市。在这座历史悠久的古城内，可以参观罗马时期的朱里安柱和奥古斯都庙，还可参观拜占庭时期的城堡和墓地，前往塞尔柱时期的阿拉丁清真寺以及奥斯曼时期的穆罕默德巴夏商场、默罕麦德商场等地，深入感受土耳其人的生活。

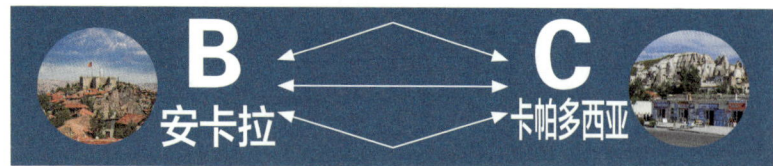

## B 安卡拉 ⇌ C 卡帕多西亚

### ——乘飞机——

从安卡拉乘坐飞机可到卡帕多西亚的开塞利机场（Kayseri Erkilet Airport）及内夫谢希尔机场（Nevşehir Kapadokya Airport）。从开塞利机场乘坐大巴到达卡帕多西亚格雷梅小镇要1.5小时左右；从内夫谢希尔机场乘接机的车到达格雷梅小镇要40分钟。

——乘火车——

从安卡拉乘坐火车可到达卡帕多西亚开塞利火车站，再换乘出租车前往格雷梅小镇。每天有4趟火车往返安卡拉和开塞利之间，分别为18:00、19:00、20:05、22:15出发，约6个小时可到开塞利火车站，换乘出租车约1小时可到格雷梅小镇。火车票价格12.9里拉起。

——乘长途巴士——

从安卡拉乘坐长途巴士可直接到达格雷梅，约3.5小时可到，票价约30里拉。

——自驾——

安卡拉到卡帕多西亚格雷梅小镇距离355千米，自驾全程需耗时约4小时，油费大约需要76里拉。

 **游玩特色**

卡帕多西亚（Cappadocia）是很大的一个区域，一般到这里的游客都是冲着热气球而来。卡帕多西亚的格雷梅小镇是乘坐热气球的首选之地。这里有类似于国内张家界或者张掖的地貌特征，但面积更加辽阔且色泽更饱和。这里还有建于10世纪、装饰着华美湿壁画的拜占庭风格的岩窟教堂可供参观。

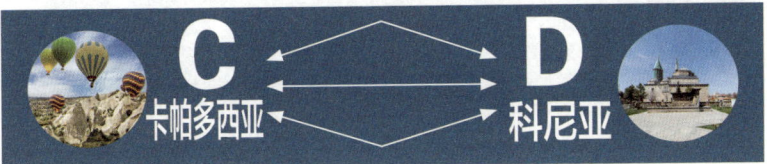

C 卡帕多西亚 ⇄ D 科尼亚

——乘火车——

从卡帕多西亚格雷梅小镇乘坐出租车前往内夫谢希尔火车站，再乘坐火车到科尼亚，用时约6小时，票价为20里拉左右。

——乘长途巴士——

从卡帕多西亚格雷梅小镇乘坐长途巴士可到科尼亚，用时约5小时，票价为25里拉左右。

 **游玩特色**

科尼亚（Konya）是一座历史悠久的城市，漫步在科尼亚的街道上，随处可见宗教色彩浓厚的建筑。科尼亚的梅乌拉那大街聚集了很多酒店和餐厅，周围还有梅乌拉那博物馆、塞利米耶清真寺、阿拉丁清真寺等景点可以参观游览。同时，科尼亚也是土耳其优质地毯的主要生产地之一，这里出产的地毯以质地精良、颜色上乘而闻名，如果有购买地毯的打算，不妨在梅乌拉那大街不远处的大巴扎逛一逛，说不定有意想不到的收获。

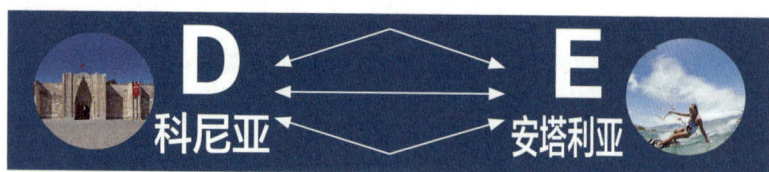

## D 科尼亚 ⇌ E 安塔利亚

——乘长途巴士——

从科尼亚乘坐长途巴士可到安塔利亚，用时约 6 小时，票价为 25 里拉左右。

——自驾——

科尼亚到安塔利亚距离约 305 千米，自驾全程耗时约 5 小时，油费大约需要 80 里拉。

 **游玩特色**

安塔利亚（Antalya）旧称哈塔伊（Hatay），面临地中海，是一座非常安静悠闲的城市，也是土耳其人和欧洲人的度假天堂。在这座历史悠久的城市里既有古老的文明，又有现代的土耳其风貌。安塔利亚老城区的建筑色彩艳丽，走在街道小巷里，仿佛置身于童话世界。丰富的海洋资源，让安塔利亚成为了一个可以进行游泳、冲浪、滑水、泛舟等各类水上项目的绝佳之地。

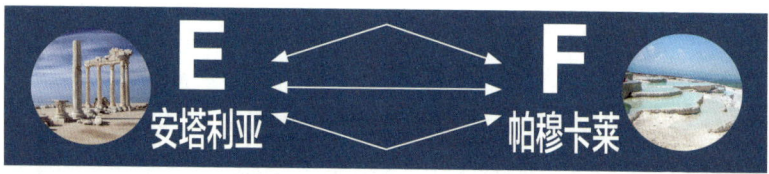

## E 安塔利亚 ⇌ F 帕穆卡莱

——乘飞机——

从安塔利亚机场飞行约 1 小时，可到代尼兹利（Denizli）机场，换乘机场大巴约 1 小时可到帕穆卡莱（棉花堡）。由于多数航班需要到伊斯坦布尔中转，乘坐飞机前往帕穆卡莱不一定能真正节省时间。

——乘长途巴士——

从安塔利亚乘坐长途巴士前往帕穆卡莱，是游客选择最多的交通方式。乘坐长途巴士先到达代尼兹利市中心，在市中心换乘小巴可到达帕穆卡莱。小巴一般停靠在帕穆卡莱村口，右前方为棉花堡景区，左前方为帕穆卡莱村。

**游玩特色**

　　帕穆卡莱（Pamukkale）以棉花堡景区闻名世界，到了帕穆卡莱可先前往棉花堡景区参观。也可以先在帕穆卡莱村内走一走，逛一逛土特产商店，等到下午3、4点钟时候，再前往棉花堡景区。棉花堡景区内有温泉，附近还有许多高级温泉酒店。棉花堡景区不收门票，如果要泡温泉则需要交费，并且需要自备泳衣。

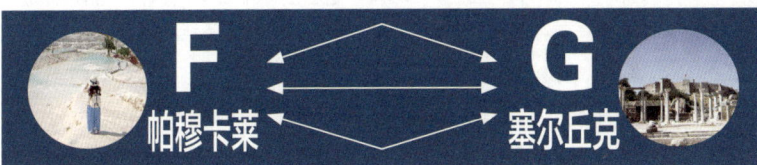

F 帕穆卡莱 ⇌ G 塞尔丘克

**——乘火车——**

　　从帕穆卡莱先乘坐小巴前往代尼兹利火车站，然后乘坐火车到塞尔丘克。全程约7小时，票价为34里拉左右。

**——乘长途巴士——**

　　从帕穆卡莱先乘坐小巴前往代尼兹利市中心，在代尼兹利汽车站可购买前往塞尔丘克的车票。乘坐长途巴士约5小时可到，票价为31里拉左右。塞尔丘克的长途巴士站位于市中心主干道阿塔图尔克大街旁边，下车后换乘其他公共交通工具十分方便。

**游玩特色**

　　塞尔丘克（Selcuk）是一座历史悠久的小镇，它在拜占庭时期就已经存在了。老城区内保留了传统的土耳其建筑，随处可见关于土耳其古老的文化符号，漫步在塞尔丘克的街道，仿佛步入了时空隧道一般。塞尔丘克是热门的旅游城市，一些商家会强行揽客，甚至抬高商品价格等，前往游览时要格外注意。另外，塞尔丘克距离以弗所古城很近，可以一并参观。

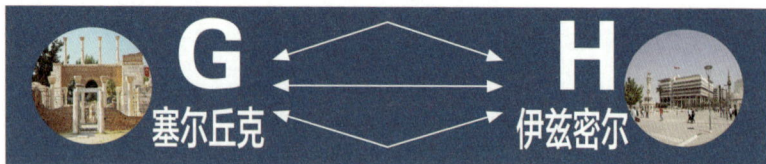

―― 乘火车 ――
从塞尔丘克到伊兹密尔乘坐火车约需 1 小时，车票价格约 5 里拉。

―― 乘长途巴士 ――
从塞尔丘克到伊兹密尔乘坐长途巴士约需 50 分钟，车票价格约 10 里拉。

 **游玩特色**

伊兹密尔（Izmir）是土耳其的第三大城市，爱琴海使得这里的蓝天、白云、沙滩显得格外浪漫。伊兹密尔政府大楼广场上的钟楼是其地标性的建筑，另外新建的希尔顿大楼也成为游客们在伊兹密尔拍照留念的地点。漫步在共和国大街上，可以欣赏到美丽的爱琴海景色；夕阳西下的时候，看着沙滩上度假的人们，品一杯地道的土耳其咖啡，会给自己的土耳其之旅留下一段难忘的记忆。

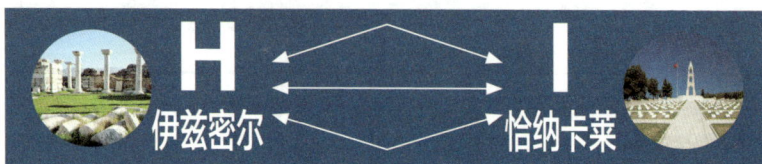

―― 乘长途巴士 ――
从伊兹密尔乘坐长途巴士到恰纳卡莱约 6 小时，车票价格约 38 里拉。恰纳卡莱长途巴士站位于市中心北约 2 千米处，从巴士站乘车前往市中心约 15 分钟。

 **游玩特色**

恰纳卡莱（Çanakkale）位于达达尼尔海峡南部海岸，这里最著名的景点就是特洛伊遗址。恰纳卡莱小城风景优美，坐拥达达尼尔海峡的美景，坐在海边，吹海风、品咖啡、欣赏海峡胜景，是每一个前来的游客都会做的事情。从恰纳卡莱乘坐小巴 30 分钟可到特洛伊遗址，夏季车次较多，但游客也会相应增多，可以根据自己的情况安排出游时间。

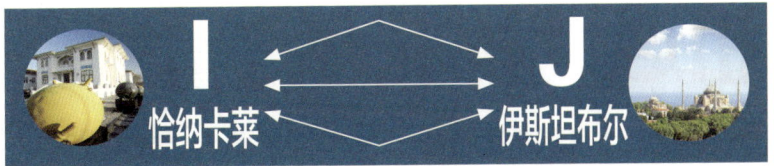

恰纳卡莱 ⇄ 伊斯坦布尔

## 乘长途巴士

从恰纳卡莱乘坐长途巴士到伊斯坦布尔约需 6 小时，车票价格 50 里拉，在经过达达尼尔海峡的时候会乘坐渡轮，船费包含在巴士车票内。

### 游玩特色

伊斯坦布尔是著名的欧亚交会之地，在这里可以体会到一半是亚洲一半是欧洲的独特文化。作为古代三大帝国——罗马帝国、拜占庭帝国以及奥斯曼帝国首都的伊斯坦布尔，这里保留了丰富的历史遗产，众多的博物馆、教堂、宫殿、清真寺让人们流连忘返。夕阳西下时，博斯普鲁斯海岸边的美景也令人陶醉。

### 管家提示

伊斯坦布尔至安卡拉火车车次时刻表：

扫一扫进入网站

更多土耳其火车信息可登录土耳其铁路官网（www.tcdd.gov.tr）查询。

# 相遇"棉花堡"

## 线路2：伊斯坦布尔→帕穆卡莱→塞尔丘克→伊兹密尔→伊斯坦布尔

### 小懒猫·女·慵懒才是旅行的真谛

我们到棉花堡的时候是下午，当时看起来一点都没有想象中的那么绚丽。可是等到日落的时候，太阳一照，棉花堡立刻就变得很神奇了，超级漂亮，跟仙境一样。去棉花堡的路上虽然换车换得头都大了，不过还算是比较顺利。一大早起床从安塔利亚出发，在酒店坐的迷你巴士（就是在土耳其经

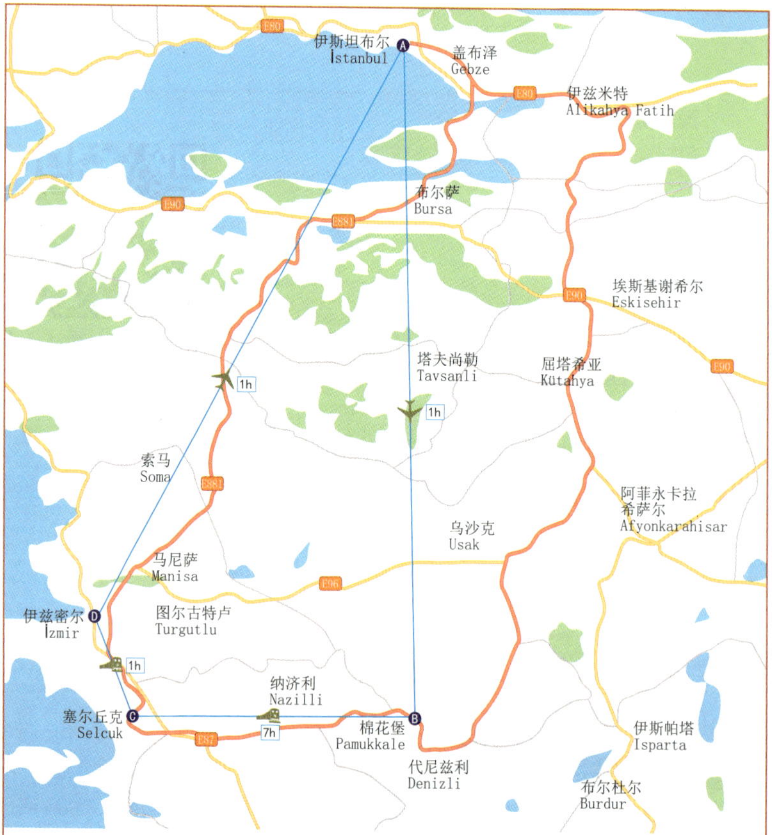

▲线路2（相遇棉花堡）示意图

常可以看到的小巴车）前往安塔利亚的汽车站，换乘了大巴车（也就是长途巴士）前往代尼兹利，到了代尼兹利又换乘小巴车才到了棉花堡。好在换车都是在汽车站内完成的，有明显的标志，如果我找不到路可以问车站的工作人员，这方面不用担心。

 **Summer 冷·女·每座城市都有自己的温度**

我们在伊斯坦布尔的第一天，简直是在上演《囧》。开始是把新清真寺当成了蓝色清真寺，后来在找圣索菲亚大教堂的时候花了好几个小时都没找到，一直在古城区像个疯子一样乱找。后来进入了大巴扎，从大巴扎出来以后，才发现了真正的蓝色清真寺。

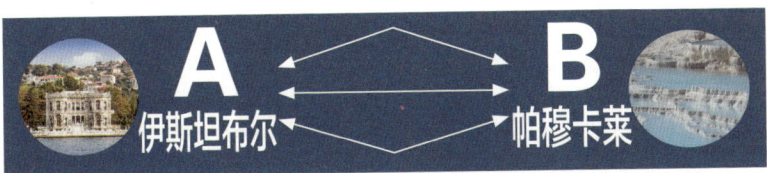

## ——乘飞机——

从伊斯坦布尔乘坐飞机1小时10分钟可到代尼兹利（Denizli）机场。在机场换乘机场大巴约1小时可到帕穆卡莱（棉花堡）。

## ——乘长途巴士——

从伊斯坦布尔乘坐长途巴士前往帕穆卡莱，先乘坐长途巴士到达代尼兹利市中心，在市中心换乘小巴可到达帕穆卡莱，约需8小时，车票52里拉，夜间巴士车次较多。帕穆卡莱的小巴一般停靠在帕穆卡莱村口，右前方为棉花堡景区，左前方为帕穆卡莱村。部分酒店会提供往返代尼兹利与帕穆卡莱的免费接送服务。

 **管家提示**

帕穆卡莱以棉花堡景区闻名世界，到了帕穆卡莱，可以先参观赫拉波利斯遗址，遗址内有拜占庭教堂遗址、阿波罗神庙地基、罗马剧场、使徒圣菲利浦避难处、希腊剧场、大墓地等景点。然后在下午日落时分前往棉花堡景区参观，可以在棉花堡景区内泡温泉，但需要自备泳衣。

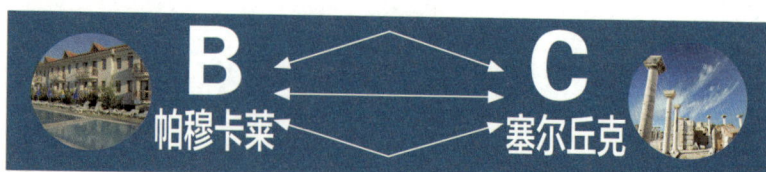

——乘火车——

从帕穆卡莱乘坐小巴到达代尼兹利火车站后,乘坐前往塞尔丘克的火车,全程约7小时,票价为34里拉左右。

——乘长途巴士——

从帕穆卡莱先乘坐小巴前往代尼兹利市中心,在代尼兹利汽车站可购买前往塞尔丘克的车票。乘坐长途巴士约5小时可到,票价为31里拉左右。塞尔丘克的长途巴士站位于市中心主干道阿塔图尔克大街旁边,下车后换乘其他公共交通工具十分方便。

 **游玩特色**

塞尔丘克(Selcuk)保留了传统的土耳其建筑,距离以弗所古城很近,可以一并参观。以弗所博物馆、伊萨贝拉清真寺和圣约翰大教堂、阿特密斯神庙、拜占庭水渠、圣母玛利亚之家等景点都是不可错过的地方。

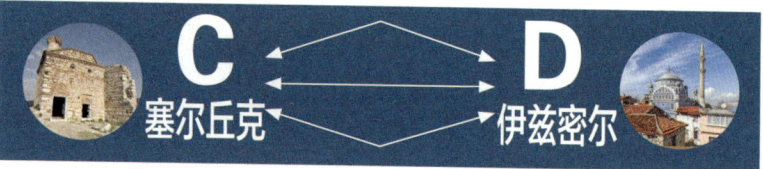

——乘火车——

从塞尔丘克到伊兹密尔乘坐火车约需1小时,车票价格约5里拉。

——乘长途巴士——

从塞尔丘克到伊兹密尔乘坐长途巴士约需50分钟,车票价格约10里拉。到达伊兹密尔长途巴士站后,可以乘坐巴士公司的接送巴士前往市中心,也可以换乘出租车、小巴前往市中心,小巴、出租车的乘车点在长途巴士站的一层。

 **游玩特色**

伊兹密尔(Izmir)虽然是土耳其的第三大城市,但这里除了比其他小城市多一些高楼大厦外,丝毫感觉不到现代都市的气息。沙滩上随处可见的游客,使得这座城市给人的感觉十分舒适。天鹅绒城堡的壮观景色、众多的古代遗址和博物馆以及迷宫般的集市也吸引了一拨又一拨的游客前往。另外,别忘了在政府大楼广场上的钟楼合影留念。

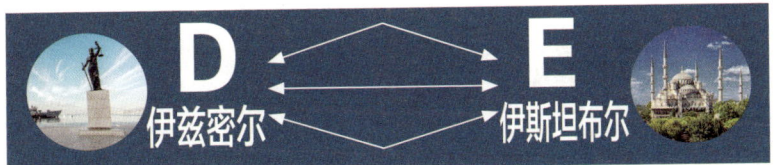

## 乘飞机

从伊兹密尔乘飞机1小时5分钟可到伊斯坦布尔,机票价格为80~150里拉。

## 乘长途巴士

从伊兹密尔乘坐长途巴士到伊斯坦布尔约需9小时,车票价格55里拉。到达伊斯坦布尔后可以换乘地铁或公交车前往伊斯坦布尔市区。

 **游玩特色**

伊斯坦布尔是一座横跨亚欧两洲的城市,这里有欧亚交融的文化。在历经东罗马、拜占庭和奥斯曼三朝之后,清真寺、博物馆、教堂、宫殿等建筑遍布街头巷尾。老城区的蓝色清真寺、圣索菲亚大教堂、托普卡帕皇宫、地下宫殿等闻名于世,向游客讲述着土耳其数千年来的文明积淀。新城区内的加拉塔大桥是欣赏博斯普鲁斯海峡的首选之地,在大桥北端的地铁站可乘坐地铁直达伊斯坦布尔最具年轻活力的伊斯特斯克拉尔大街,在那里能够感受到土耳其洋溢着的青春。

 **管家提示**

帕穆卡莱因温泉水带来的一种碳酸钙组成的白色阶梯状水池而被称为"棉花堡"。水池大多呈明亮的白色,但有一些阶梯因水中含有矿物而呈淡黄色或棕色。虽然看上去如同棉花一般,但其实是坚硬的石头,由于棉花堡要求游客必须脱鞋进入,所以池底的石头会很硌脚,前往游玩需要提前做好心理准备。

# 乘坐热气球

## 线路3：伊斯坦布尔→卡帕多西亚→安塔利亚→伊兹密尔→伊斯坦布尔

> 过来人经验谈

**小懒猫·女·慵懒才是旅行的真谛**

伊斯坦布尔的大巴扎里有卖各式各样纪念品的，不过价格水分很大，砍价的时候千万不要心软。

**朕是女汉子·女·时尚女青年**

格雷梅是一个小镇，位于卡帕多西亚的中心地带，这里出发去各个景点都比较方便，附近的酒店和旅行社都很多，餐厅也很多。我们过于担心天气的原因没有提前预订热气球，都是到了格雷梅以后酒店的前台小哥帮忙弄的，并且运气很好，订到了看日出的第一拨飞行。除了乘坐热气球，还可以在格雷梅参加红线或者绿线的1日游活动，在每个旅行社、酒店都能够报名参加，旅行社车接车送很方便。

**黛尽青丝·女·吃是旅行最重要的组成部分**

在安塔利亚第一天，我们去卡雷奇历史街区逛了一圈，去了哈德良门，并在罗马海港乘观光游船欣赏了地中海美景，下午去了安塔利亚博物馆和安塔利亚海滩。这里的生活节奏很慢，吃完饭以后在城区内闲逛是很惬意的事情。我们去了安塔利亚的Karaalioglu公园。这个公园很美，我们按照旅店老板的指示，从酒店出门10分钟就到了。虽然很晒，但是海风很温柔，人不多，看见三三两两的人在树荫下晒太阳，草坪上还有窃窃私语的情侣，那场景如油画一般。

**Summer冷·女·每座城市都有自己的温度**

我们去卡帕多西亚是4月份，本来不打算乘坐热气球，因为那个时候卡帕多西亚还会下雪。我们到了之后随口问了酒店老板一下，老板竟然说第二天的天气非常适合热气球升空。我们向老板打了个招呼，如果真的可以，就叫上我们。谁知道一夜之间，卡帕多西亚的天气就真的好得不得了。早上4点半起床，直接参加了蝴蝶公司（Butterfly）的热气球之旅，还送了我们15分钟的飞行时间。当太阳从地平线上升起，各种神奇的"精灵烟囱"逐渐清晰起来，那景色叫一个壮观啊，让人终生难忘。

**凡夫俗子·男·老骥伏枥，志在千里。烈士暮年，壮心不已**

在卡帕多西亚的时候不仅乘坐热气球欣赏到了漂亮的景色，还挑战了ATV（一种四轮车，有点像越野摩托车），135里拉2个小时。有专门的教练带着，加上平时开车，年轻的时候也有过骑摩托车的经历，所以驾驶起来觉得很轻松。开着ATV在沙丘上驰骋的感觉，不是一个爽字能够表达的。我们玩的时候看到几个小姑娘虽然嘴上说不怕，但由于没有驾驶经验过于慌张而撞车了。开ATV虽然不是特别危险，但还是会给旅途增加不确定因素，建议没有驾驶经验的朋友还是不要尝试了。

▲线路3（乘坐热气球）示意图

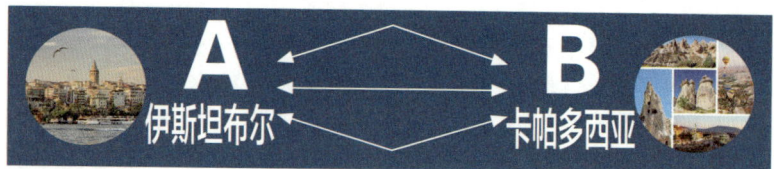

―― 乘飞机 ――

　　从伊斯坦布尔乘坐飞机约 1 小时 20 分钟可到开塞利机场，机票价格 80 ~ 120 里拉，从开塞利机场乘坐大巴到达卡帕多西亚格雷梅小镇要 1.5 小时左右。

―― 乘长途巴士 ――

　　从伊斯坦布尔乘坐长途巴士可直接到达格雷梅、内夫谢希尔等地，历时 10 ~ 11 小时，票价约 65 里拉。

 **游玩特色**

　　卡帕多西亚是土耳其最具视觉震撼力的地区（估计没有之一），这里因千年前的火山爆发和长年风雨侵蚀形成了如今形态怪异的"月球地貌"。卡帕多西亚地区是由周边一座座城镇组成的，主要游览的地区为尔古普（Ürgüp）、格雷梅（Göreme）、乌希萨尔（Uçhisar）、阿瓦诺斯（Avanos）和穆斯塔法帕夏（Mustafapaşa）等，如果爱旅行，不妨多花点时间，将这些小镇都走走，会发现很多比宣传画册还要漂亮的风景。

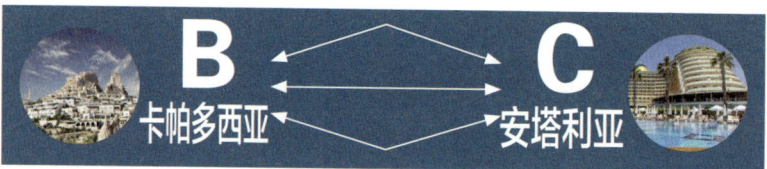

―― 乘飞机 ――

　　从卡帕多西亚的开塞利机场及内夫谢希尔机场可乘坐飞机前往安塔利亚，机票价格 80 ~ 120 里拉，由于多数航班需要到伊斯坦布尔中转，乘坐飞机前往不一定能真正节省时间。

―― 乘长途巴士 ――

　　从卡帕多西亚的格雷梅小镇或内夫谢希尔乘坐长途巴士可到安塔利亚，用时约 10 小时，票价为 30 里拉左右。

 **游玩特色**

　　安塔利亚是一座非常安静闲适的城市，是土耳其人和欧洲人的度假天堂。安塔利亚历史悠久，老城区建筑色彩艳丽，是欣赏土耳其建筑的好去处。安塔利亚也是一座海滨城市，你可以在这里的沙滩上晒太阳，或是进行游泳、冲浪、滑水、泛舟等各类水上项目。

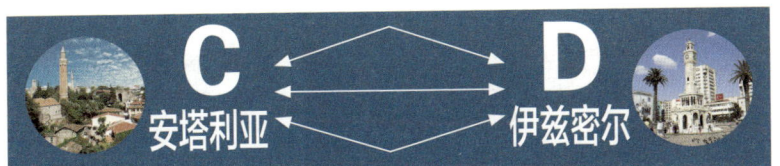

## C 安塔利亚 ↔ D 伊兹密尔

### 乘飞机

从安塔利亚机场乘飞机到伊兹密尔的阿德南门德雷斯机场（Adnan Dressel Airport – door），用时约1小时，费用为30～100里拉。主要有土耳其航空公司、飞马航空公司、阳光快运提供的TK2328（伊斯坦布尔中转）、PC261、PC259、XQ9191等航班。

### 乘长途巴士

从安塔利亚到伊兹密尔乘坐长途巴士约需4小时，车票价格约35里拉。到达伊兹密尔长途巴士站后，可以乘坐巴士公司的接送巴士前往市中心，也可以换乘出租车、小巴前往市中心，小巴、出租车的乘车点在长途巴士站的一层。

**游玩特色**

伊兹密尔旧时称士麦拿或士每拿（Smyrna），是爱琴海地区最大的工业贸易城市。沿着伊兹密尔的海滨大道散步，仿佛置身于欧洲古镇的街道上，这里是欣赏爱琴海景色的好地方。城市中残存的历史古迹也有很高的观赏价值，别忘了在政府大楼广场上的钟楼合影留念。这里去切什梅、阿拉恰特都是1小时左右的车程，如果有兴趣也可以从这里前往周围的小镇游玩。

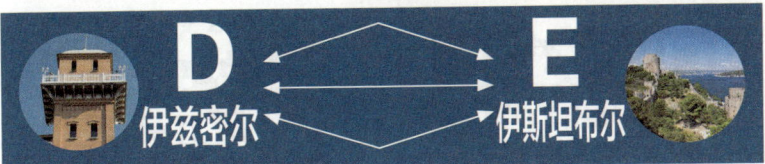

## D 伊兹密尔 ↔ E 伊斯坦布尔

### 乘飞机

从伊兹密尔乘飞机约1小时可到伊斯坦布尔，机票价格为80～150里拉。

### 乘长途巴士

从伊兹密尔乘坐长途巴士到伊斯坦布尔约需9小时，车票价格55里拉。到达伊斯坦布尔长途巴士站后可换乘地铁或公交车前往伊斯坦布尔市区。

### 游玩特色

伊斯坦布尔曾是东罗马、拜占庭和奥斯曼的首都,这里有众多历史悠久的宫殿,如位于博斯普鲁斯海峡的欧洲沿岸一角的托普卡帕宫,坐落在博斯普鲁斯海峡沿岸上的多尔马巴赫切宫,建于19世纪的贝勒贝伊宫,以及融清真寺为一体的耶尔德兹宫等都是感受伊斯坦布尔曾经辉煌的地方。

### 管家提示

乘坐热气球观光,是具有一定风险的活动,如果有乘坐热气球的打算,一定要选择正规的热气球经营公司。Kappadocia、Royal、Butterfly是土耳其三大热气球公司,价格相差无几,预订时可以先到各公司官网上看看有没有优惠活动。另外,热气球能否升空是根据当天的天气情况而定的,如果预订的热气球因天气情况没能升空,则不会收取任何费用,热气球公司一般在起飞前收取里拉或是欧元的现金,不会在预订的时候收取订金。

Royal热气球公司官网:www.royalballoon.com

Kapadokya 热气球公司:www.kapadokyaballoons.com

Butterfly 热气球公司:www.butterflyballoons.com

# 伊斯坦布尔→安卡拉→卡帕多西亚→伊斯坦布尔

 过来人经验谈

**小懒猫·女·慵懒才是旅行的真谛**

我们到达卡帕多西亚的开塞利机场的时候是酒店的车来接的,虽然看到机场附近有很多小巴,但是土耳其人的英语口音很重,交流起来不是很方便。酒店派车来接会很方便。另外,乘坐热气球会比较冷,所以一定要带一件厚实点的风衣或者大衣。

**朕是女汉子·女·时尚女青年**

格雷梅的洞穴酒店非常出名,在 Booking 上我了半天才找到一家价格满意的。当时基督教徒为了躲避统治者的迫害,便在石头山上挖洞穴居,卡帕多西亚地区便成为早期基督徒们的避难所。入住洞穴酒店之后,果真不同凡响,很有神秘感,从房间望出去就能看到卡帕多西亚的奇特地貌。洞穴酒店价格不是很贵,去格雷梅一定要住一次洞穴酒店。

**墨染殇雪·男·爱生活,爱旅行**

在格雷梅除了乘坐热气球,就是参加 Red Tour 和 Green Tour,即红线、绿线一日游,现在还有 Blue Tour(蓝线)一日游,一般都是选择其中一个,腾出一天的时间来游玩。很多人都是早上坐热气球,回到酒店后(8点多)睡个"回笼觉",中午或者下午参加红线或者绿线的行程。红线的行程里有驾驶 ATV 观赏景点的项目,所以更受年轻人的喜爱。

**说书人·男·走过一片土地,爱上那一群人**

我们在格雷梅参加的是绿线一日游的行程,就是常规的参观 Selime 修道院和 Ihlara Valley 徒步 2 小时、代林库尤(Derinkuyu)地下城线路。地下城比较凉快,也会有一点震撼的感觉,其他的就很一般,并且徒步线路很晒,并不是很舒服。

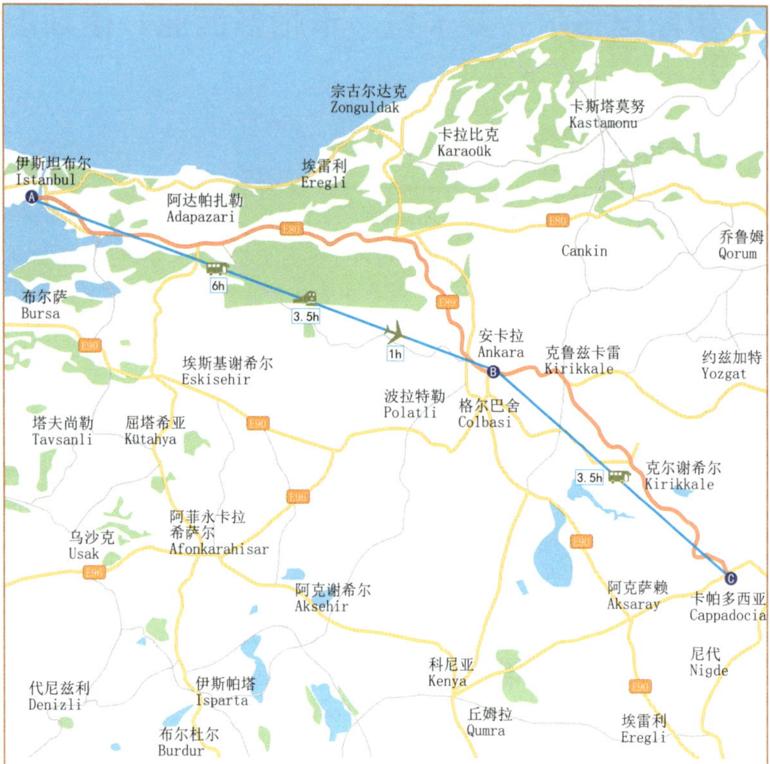

▲线路 4（乘坐热气球）示意图

## A 伊斯坦布尔 ⟷ B 安卡拉

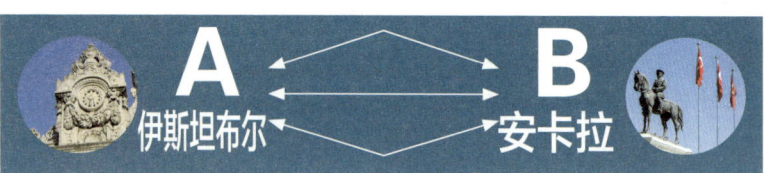

### 乘飞机

从伊斯坦布尔萨比哈·格克琴国际机场到安卡拉机场乘坐飞机约 1 小时，费用为 50 ~ 150 里拉，主要有土耳其航空公司与飞马航空公司提供的 TK7258、TK7254、TK7256、PC4102、PC108、PC4100 等航班。

### 乘火车

从伊斯坦布尔 Pendik 火车站乘坐火车到安卡拉，最快的火车车次约 3.5 小时，费用为 70 里拉，每天（7:00 ~ 18:25）有 5 趟列车。

### 乘长途巴士

从伊斯坦布尔亚洲区汽车总站（Harem Otogar）乘坐长途巴士前往安卡拉约需 6 个小时，车票价格 50 里拉左右。

### 游玩特色

安卡拉是土耳其的首都,也是一座历史悠久的城市。在安卡拉可以参观罗马时期的朱里安柱、奥古斯都庙、拜占庭时期的城堡和墓地、塞尔柱时期的阿拉丁清真寺以及奥斯曼时期的穆罕默德巴夏商场、默罕麦德商场等地,在这里能够感受土耳其的历史文化和土耳其人的生活场景。

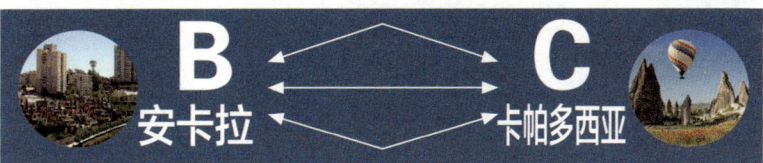

B 安卡拉 ↔ C 卡帕多西亚

——乘飞机——

从安卡拉乘坐飞机可到卡帕多西亚的开塞利机场(Kayseri Erkilet Airport)及内夫谢希尔机场(Nevşehir Kapadokya Airport)。从开塞利机场乘坐大巴到达卡帕多西亚格雷梅小镇要1.5小时左右,从内夫谢希尔机场乘接机的车到达格雷梅小镇要40分钟。

——乘火车——

从安卡拉乘坐火车可到达卡帕多西亚开塞利火车站,再换乘出租车前往格雷梅小镇。每天有4趟火车往返安卡拉和开塞利之间,分别为18:00、19:00、20:05、22:15出发,约6个小时可到开塞利火车站,换乘出租车约1小时可到格雷梅小镇。火车票价格12.9里拉起。

——乘长途巴士——

从安卡拉乘坐长途巴士可直接到达格雷梅小镇,约3.5小时可到,票价约30里拉。

——自驾——

安卡拉到卡帕多西亚格雷梅小镇距离355千米,自驾车全程需耗时约4小时,油费大约需要76里拉。卡帕多西亚地区主要游览的地点为尔古普(Ürgüp)、格雷梅(Göreme)、乌希萨尔(Uçhisar)、阿瓦诺斯(Avanos)和穆斯塔法帕夏(Mustafapaşa)等,自驾且时间充裕的情况下,可以将这些小镇都走走,会发现很多比宣传画册还要漂亮的风景。

 **游玩特色**

到卡帕多西亚的游客都是冲着热气球来的。卡帕多西亚的格雷梅小镇是乘坐热气球的首选之地。清晨起来乘坐最早的一班热气球，欣赏独一无二的日出；看漫天飞舞的热气球，在各种奇形怪状的巨石前飞过；或是徒步穿越在各种鬼斧神工的地下城，欣赏穿越千年的洞穴壁画。这里还有建于 10 世纪、装饰着华美湿壁画的拜占庭风格的岩窟教堂可供参观。

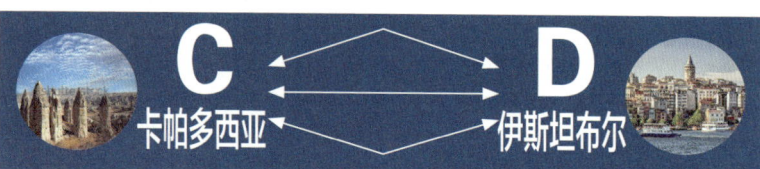

C 卡帕多西亚 ⇄ D 伊斯坦布尔

## 乘飞机

从卡帕多西亚开塞利机场乘飞机 1 小时 20 分钟可到伊斯坦布尔，费用为 80～180 里拉，主要有土耳其航空公司与飞马航空公司提供的 TK7295、TK7297、TK7293、PC165、PC167、PC4163 等航班。

## 乘长途巴士

从伊兹密尔乘坐长途巴士到伊斯坦布尔约需 9 小时，车票价格 55 里拉。到达伊斯坦布尔长途巴士站后可换乘地铁或公交车前往伊斯坦布尔市区。

 **游玩特色**

在伊斯坦布尔可以先去老城区参观蓝色清真寺、圣索菲亚大教堂、托普卡帕皇宫、地下宫殿等景点，然后前往新城区游玩。新城区的加拉塔大桥、伊斯特斯克拉尔大街等地都是感受伊斯坦布尔活力的好地方。

 **管家提示**

热气球一般乘坐 17 人，分四格，每格站 4 人，驾驶员站中间。另外有乘坐 8 人的小型热气球，价格会贵一些。一般在乘坐热气球当天，热气球公司会有专车前往酒店接人，先带游客吃早餐，之后乘坐热气球升空，降落后会开香槟庆祝，并给游客发放荣誉勋章或奖状。

乘热气球赏卡帕多西亚美景

# Part 1
## 去土耳其要做的 9 件事

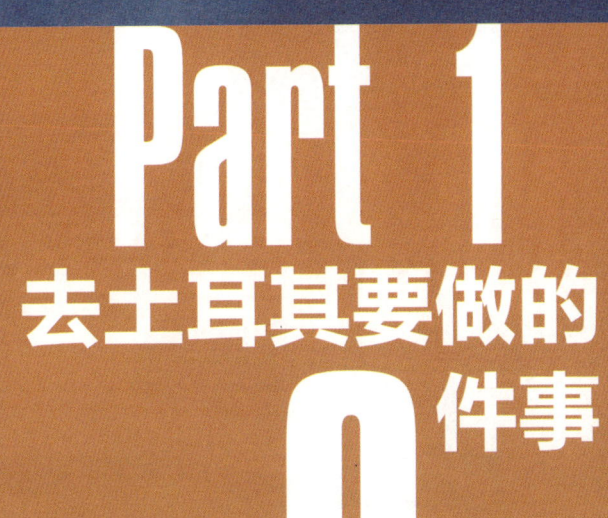

# NO.1 如何办理护照与签证

> **过来人经验谈**
>
> **Summer冷·女·每座城市都有自己的温度**
>
> 从2015年开始，土耳其对中国游客实行电子签证政策，已经不需要第三方的签证了。电子签证申请非常方便，并且很快。把办好的电子签证打印出来，带上护照，就可以顺利通过海关前往土耳其了。我担心土耳其的海关盘问（中国护照过海关经常会遇到），还特意准备了很多资料（银行卡流水、工作证明等），结果根本没用上。土耳其的海关官员根本都没有看材料就直接盖章放行了，这是我第一次如此顺利过海关。感谢土耳其，感谢电子签。

### ★ 认识普通护照

护照是游客在国外证明自己合法身份的证件，想要出国旅行，第一个需要办理的证件就是护照。目前我国大多数公民所持护照为普通护照，如果已经有护照，要保证自己的护照有效期在6个月以上；如果没有护照，建议你在旅行前3个月就开始着手办理护照。中国目前使用的普通护照有效期为10年，可以在有效期满前6个月之内申请办理延期2次，每次5年。

### ★ 熟知护照办理流程

办理护照很简单，只需带上身份证明到相应的办理地点，照相、填表后就可以了，之后可以选择持回执领取或是邮寄领取。目前办理护照可以在户口所在地的出入境大厅办理，也可以在工作地的出入境大厅办理（多数需要在当地有1年以上的社保缴费记录或纳税证明）。

```
                    ┌─────────────────┐
                    │   准备材料      │
                    └─────────────────┘
```

- 居民身份证原件及复印件
- 户口簿及复印件
- 2张免冠彩色照片（电子版需在出入境管理处照）
- 填写完整的中国公民因私出国（境）申请表

```
                    ┌─────────────────┐
                    │   前往办理地点   │
                    └─────────────────┘
```

**当地人**：前往户口所在地的公安局（市/县）的出入境管理处

**外地人**：若在可就近办理护照的43个城市居住或工作，可携带本人有效身份证或户口簿在当地办理（需有就业地一年以上缴纳社保证明），其他城市需回户口所在地办理

```
                    ┌─────────────────┐
                    │      缴费       │
                    └─────────────────┘
```

- 首次办理：200元/本
- 换发：220元/本，含换发加注费，加注、延期20元/项（次）

```
                    ┌─────────────────┐
                    │    办理时限     │
                    └─────────────────┘
```

受理申请后，审批、制作和签发护照的时间为10~15个工作日

```
                    ┌─────────────────┐
                    │    领取护照     │
                    └─────────────────┘
```

**本人领取**：携带本人身份证或户口簿、领取护照回执单领取证件。要仔细核对证件内容，发现信息错误可及时改正

**他人代领**：代领人携带本人身份证或户口簿、护照申请人身份证复印件、领取护照回执单到出入境管理处领取

**快递**：在中国公民因私出国（境）申请表上填写邮寄地址，办理手续并缴纳快递费

## ★ 方便快捷的电子签证

如今前往土耳其，可以办理方便快捷的电子签证，只需要有自己的护照信息和一张银行卡（Visa、万事达、银联卡均可）即可。登录土耳其电子签证官方网站 www.eVisa.gov.tr 申请电子签证，最短只需 3 分钟即可完成签证办理手续（可在 www.goturkey.com.cn/i/713.html 上观看相应的办理视频）。电子签证收费 60 美元，持有者在土耳其最多可逗留 30 天，电子签证半年有效。

tips
土耳其电子签证申请网站：www.eVisa.gov.tr/zh/

扫一扫进入网站

## ★ 电子签证办理流程

① 打开网站，选择语言

打开语言选择栏，拉到最底部，选择中文

**2** 点击"申请",开始填写资料

**3** 选择国家和地区

**4** 选择到达土耳其的日期,有效期为半年

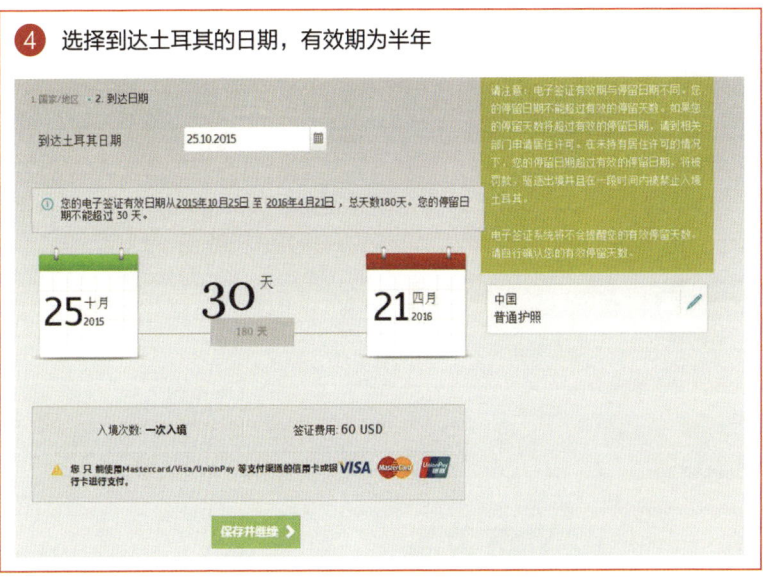

**❺ 勾选自己所符合的选项,勾选完选项后才能进行下一步**

新申请
先决条件

1.国家/地区 · 2.到达日期 · **3.先决条件**

您必须符合所有以下要求才能获取电子签证。点击以下框,以确认您符合所有标准。如果您不符合以下标准,并继续申请,您的电子签证将被视为无效。

✓ 我旅行的目的是旅游或商务。
✓ 我可以证明我有往返票,预订的旅馆和也可以证明我为停留期间的每天准备最少50美元。
✓ 我在土耳其境内期间我的护照不会过期。
✓ 我确认符合以上全部条件。

**通知信息**

请勿勾选边的标准,以确保您行合申请电子签证的要求。

在符合这些标准条件下,您的电子签证是有效的。

如果您不符合这些条件,您的电子签证会被视为无效。

点击旁边的框,确认是否符合标准。

中国
普通护照

25.10.2015 - 21.04.2016

保存并继续 >

---

**❻ 填写个人信息,用英文填写,务必多次检查再提交**

新申请
个人信息

1.国家/地区 · 2.到达日期 · 3.先决条件 · **4.个人信息**

| 名 | |
| 姓 | |
| 出生日期 | |
| 出生地点 | |
| 母亲姓名 | |
| 父亲姓名 | |
| 护照号码 | |
| 护照签发日期 | |
| 护照有效期至 | |
| 证明文件类型 | 不存在 |
| 电子邮件地址 | |
| 电话号码 | |
| 永久联系地址 | |

**通知信息**

您输入的信息必须和您的护照一致,否则,您的电子签证将被视为无效。

请将把新签证信息用英文大写字母填写。电子签证如有错误信息与错别字,该签证将被视为无效,电子签证上不会承担任何修改。同样,也不可能激活或被查该电子签证。

点击 这里 旅行社可以进行10个或更多的电子签证申请。

中国
普通护照

25.10.2015 - 21.04.2016

👤 添加新申请者  保存并继续 >

付款后等待收取邮件，收到邮件后，点击链接，下载打印电子签证

**Türkiye Cumhuriyeti**
**Elektronik Vizesi**
Electronic Visa, Republic of Turkey

**B1**

| | | | |
|---|---|---|---|
| **Referans No** / *Reference No* | : | **Giriş Sayısı** / *Number of Entries* | : Tek Giriş / *Single Entry* |
| **Adı** / *Name* | : | **Geçerlilik Tarihi** / *Valid From* | : 08 Eki/Oct 2013 |
| **Soyadı** / *Surname* | : | **Geçerlilik Bitişi** / *Valid Until* | : 05 Nis/Apr 2014 |
| **Doğum Yeri** / *Place of Birth* | : | **İkamet Süresi** / *Duration of Stay* | : 30 Gün / Days |
| **Doğum Tarihi** / *Date of Birth* | : | | |
| **Uyruk Adı** / *Nationality* | Tayvan / *Taiwan* | | |
| **Seyahat Belgesi** / *Travel Document* | Umuma Mahsus Pasaport / *Ordinary Passport* | | |
| **Belge No** / *Travel Document No.* | : | | |
| **Belge Veriliş T.** / *Travel Doc. Issue Date* | : 27 Mar/Mar 2006 | | |
| **Belge Geçerlilik T.** / *Travel Doc. Expiry Date* | : 27 Mar/Mar 2016 | | |
| **Ek Vize** / *Additional Visa* | Mevcut Değil / *Not Present* | | |

⚠ **PLEASE READ CAREFULLY!**
- I am travelling for the purpose of tourism or business.
- I have a round-trip ticket to İstanbul Atatürk, Sabiha Gökçen or Ankara Esenboğa Airports
- I hold a valid and legitimate passport and it is valid for a period of time, allowing me to return at the least
- I hold travel documents in accordance with my travel purposes. (Return Ticket, Hotel reservation, adequate financial means)

**DISCLAIMER**
In case that the records in your e-visa and passport differ, your e-visa will be deemed invalid. In the event that the information which you provide at your visa application and the information recorded in your passport differentiate, your e-visa will be invalid. If the persons recorded to the accompanying section of your passport are to travel with you, it is essential that they also get e-visa.

E-visa shall not be valid for purposes other than touristic and commercial trips. Visa applications such as work, study, etc. must be made via foreign missions of Turkey.

E-visa system does not monitor the days of your stay/residence in Turkey. Hence, it is your own responsibility to check whether your residence permit has expired or not.

Should your stay upon single entry without residence permit be longer than 30 days, you may well be sentenced to administrative fine and your entry into Turkey might be forbidden for a certain period of time.

In exceptional circumstances, it is possible that Turkish authorities may not permit an e-visa-holder to enter into Turkey. For more information, please visit http://www.evisa.gov.tr/info

 **管家提示**

　　申请土耳其电子签证提供的信息务必准确完整，如果信息有误有可能导致无法出境或被遣返。如果出发前发现电子签证信息有误，可以再办理一次电子签证，重新交60美元的签证费。出行时务必携带土耳其电子签证的打印纸质版本，并且一定要与护照同时使用。

# NO.2 制订详细的旅行计划

过来人经验谈

**朕是女汉子·女·时尚女青年**

　　我们在制订行程的时候，首先选定了几个想去的城市，根据自己的情况，决定了伊斯坦布尔完全自由行，卡帕多西亚、棉花堡和艾菲索斯报团游。伊斯坦布尔由于是自由行，问路等很花费时间，再加上很懒，所以只去了蓝色清真寺、圣索菲亚大教堂、地下水宫、大巴扎和博斯普鲁斯海峡，不过这些景点门票都不贵。报团游的行程很紧凑，含来回机票（伊斯坦布尔到卡帕多西亚）、车票、景点门票、导游费、卡帕绿线和红线游览费用、乘坐热气球费用、岩石酒店住宿费、早午餐。在卡帕及周边玩了4天，每个人700欧元，总体来说还可以，确实比较省心。

**Summer冷·女·每座城市都有自己的温度**

　　我是临时决定要去土耳其的，从决定去到出发不到一个月的时间，订机票、办签证等列了一个大致的行程，订好酒店，收拾完行李基本上就没什么问题了。现在土耳其到处都是中国人，在一些热门的景点还能听到各种方言，所以，只要不是去很偏僻的地方，基本不用做太多的准备。

**墨染殇雪·男·爱生活，爱旅行**

　　行程计划只能做个参考，有时候到了土耳其未必能完全按照计划行事。本来我们计划去番红花城，看看那座到处都是奥斯曼建筑的小镇，但是到了伊斯坦布尔就堵车，又要提车，又要熟悉道路，又要换钱，到最后根本没时间去。

凡夫俗子·男·老骥伏枥，志在千里。烈士暮年，壮心不已

其实土耳其每座城市的设施都比较完善，不用过多担心。主流城市也就是那几个，无非就是决定顺时针还是逆时针游览而已。

## ★ 查找相关资料

在决定前往土耳其旅游之后，首先要了解土耳其的相关信息。了解信息可以通过上网查找、阅读书籍、观看电视节目等多种方式，其中网络信息更新较快，方便快捷。可前往土耳其旅游局官网、土耳其驻华大使馆等网站查询出行信息，也可以关注土耳其旅游局的官方微博了解最新的土耳其旅行信息。

| 查询土耳其旅游信息的常用网站 | | | |
| --- | --- | --- | --- |
| 名称 | 网址 | 名称 | 网址 |
| 土耳其文化旅行部 | www.kultur.gov.tr | 土耳其国家旅游局 | www.goturkey.com.cn |
| 安卡拉 | www.ankara.com | 卡帕多西亚 | www.cappadocialand.com |
| 伊兹密尔 | www.izmir.com | 伊斯坦布尔 | www.istanbullife.com.tr |

### tips

土耳其国家旅游局微博：weibo.com/traveltoturkey?sudaref

土耳其驻华大使馆：beijing.emb.mfa.gov.tr

土耳其国家旅游局：www.goturkey.com.cn

土耳其文化旅行部：www.kultur.gov.tr

PART 1 去土耳其要做的9件事

## ★ 挑选适合城市

土耳其旅游资源相当丰富,全部游玩可能一两个月的时间都不够。如何在有限的时间内尽可能多地体验到最纯正的土耳其风情,就需要筛选出自己最喜欢的地方再做决定了。大部分游客去的时间都在10～15天,一般可挑选3～5个城市作为主要的游玩地点。

| | | 土耳其热门旅游城市特色 | | |
|---|---|---|---|---|
| 必玩指数 | 名称 | 简介 | 交通 | 建议游玩天数 |
| ★★★★★ | 伊斯坦布尔 | 土耳其最受欢迎的城市之一 | 有中国直飞航班抵达 | 3天 |
| ★★★★★ | 卡帕多西亚 | 世界上最适合乘坐热气球的地方之一 | 从伊斯坦布尔乘坐飞机或火车可到 | 3天 |
| ★★★★★ | 帕穆卡莱 | 泡温泉、拍照片、看日落 | 从伊斯坦布尔乘坐飞机或火车可到 | 3天 |
| ★★★ | 安卡拉 | 土耳其首都 | 从伊斯坦布尔乘坐飞机或火车可到 | 2天 |
| ★★★ | 伊兹密尔 | 土耳其第三大城市 | 从伊斯坦布尔乘坐飞机或火车可到 | 1天 |
| ★★★★ | 阿拉恰特 | 充满希腊蓝白风格的小镇 | 从伊兹密尔乘坐长途巴士可到 | 2天 |
| ★★★★ | 安塔利亚 | 适合度假,古城和海滩都很漂亮 | 从伊斯坦布尔乘坐飞机或长途巴士可到 | 2天 |
| ★★★ | 番红花城 | 古朴、原汁原味的城市,民风淳朴 | 从伊斯坦布尔乘坐长途巴士或火车可到 | 2天 |
| ★★★★ | 费特希耶 | 坐滑翔伞,看地中海美景 | 从伊斯坦布尔乘坐长途巴士或火车可到 | 2天 |

## ★ 做出旅行预算

前往土耳其旅行之前,有必要为自己的旅行好好地做个预算。在土耳其旅行的花费除了机票、酒店等大额支出外,还有门票、餐饮、交通、娱乐等多个方面需要花钱,在出行前给自己的旅行列一份预算很有必要,这样可以保证旅行经

费准备充足，也能控制自己不乱花钱。土耳其的旅游费用不是很高，旅游预算可以 100 ~ 150 里拉 / 天为准，另外，准备一些购买纪念品的钱就差不多了。机票、住宿等预订好后，需要花钱的地方就相对比较稳定了。

| 土耳其旅行花费简介 | |
|---|---|
| 类型 | 详解 |
| 餐饮费用 | 土耳其的餐饮费用价格不一，如果你对吃的要求不高，或是不打算去一些高档的餐厅，那么可以省下一笔不小的费用。在土耳其，找家简单的餐厅，一个比萨或者一份烤肉（面包免费）的价格为 10 ~ 20 里拉，在土耳其鱼市场 50 里拉就能吃一顿美味的海鲜大餐。如果打算去中档的特色餐厅或是海鲜餐厅，一天需要花费 100 ~ 120 里拉 |
| 住宿费用 | 在土耳其，入住干净舒适的普通旅馆每晚需花费 50 ~ 80 里拉，家庭旅馆每晚的费用约为 60 里拉，高档的酒店、洞穴酒店等每晚约为 250 里拉 |
| 交通费用 | 在土耳其乘坐地铁、公交车，一天下来花费在 50 里拉左右。有的城市有交通的优惠卡，可以充值，这样可省不少交通费。土耳其各个城市间的航班很多，机票也相对便宜，从伊斯坦布尔出发飞往安卡拉，机票的最低价格经常在 50 里拉左右徘徊 |
| 观光费用 | 土耳其旅游景点的门票普遍较低，一天下来观光费用基本用不了多少钱。如果选择一天观看 2 个清真寺外加 1 个博物馆的话，费用在 20 里拉以内 |
| 其他费用 | 除了吃住行之外还有一些其他费用，例如购买土特产、去酒吧娱乐、乘坐热气球等，这些费用根据个人而定 |

## tips

| 土耳其物价参考 | |
|---|---|
| 名称 | 价格 |
| 啤酒 | 3 里拉 / 瓶 |
| 街边美食 | 3 里拉 / 份 |
| 汉堡 | 7 里拉 / 个 |
| 饮用水 | 1 ~ 2 里拉 / 瓶 |
| 报纸 | 3 里拉 / 份 |

★ **打印行程安排**

在行程安排确定之后，可以将自己的土耳其旅行计划打印出来随身携带。行程安排上的酒店地址建议使用土耳其语和英语双语标注，能在乘车的时候起到帮助作用。另外，还要将行程安排的电子版文件保存在 U 盘或是邮箱中，以备使用。

**管家提示**

现在网上有很多可以制订行程的行程助手，使用起来都十分方便，如果觉得自己制订行程过于烦琐，可以关注出境旅行助手的官方微信，只需要提供自己的想法，就能免费获得一份土耳其旅游行程安排。出境旅行助手官方微信账号 cjlvzs。
扫一扫添加微信。

# NO.3 去土耳其怎样订机票

###  过来人经验谈

 **朕是女汉子·女·时尚女青年**

我们去土耳其选择的是俄罗斯航空,虽然每人往返6900元人民币(含税)的价格并不算便宜,可当时离出发时间很近,又是"十一"黄金周,算是很便宜了。还有一点,就是时间安排。按照我们以往的原则,夜里走,早晨到,可实现时间的最大利用,虽然很辛苦,但是不会浪费宝贵的假期。我们选择的航班这一点可以满足。比较闹心的是,在莫斯科转机经停时间有些长,回程时候居然经停了7个小时。莫斯科机场的免税店真没什么可买的。

 **黛尽青丝·女·吃是旅行最重要的组成部分**

我们订机票的时候,选来选去还是选择了南航,觉得比较放心也省事。由于是带孩子去,就直接在南航的官网订票了。这里友情提示,在去哪儿网等网站上,如果在订的时候没有儿童这个选项,那就是说明不能订儿童票,想要订儿童票就只能去航空公司的官网。虽然在国内坐飞机的时候为了省事给孩子订成人的机票,但在国外担心会被拒绝上飞机,还是乖乖地到官网上订了儿童票。

 **说书人·男·走过一片土地,爱上那一群人**

飞往伊斯坦布尔的时候乘坐的是A320飞机。飞机遇上气流的时候一直

不停颤抖，下降的时候更是左晃右晃。当飞机降落后，机舱中响起热烈的掌声，也算是增长见识了。

 **凡夫俗子·男·**老骥伏枥，志在千里。烈士暮年，壮心不已

建议中国飞土耳其要么直飞，要么转机等待时间不要超过4小时。因为在机场待很久会特别累。如在机场过夜，可能到了土耳其还要先睡一觉才能调整过来。

## ★ 常用的机票预订网站

前往土耳其的交通方式以飞机为主，北京、上海等城市都有飞往土耳其的航班。在国内常用的机票预订网站上都可以订到前往土耳其各城市的飞机票，其中去哪儿网、携程网、天巡网等都是不错的选择，你可以在这几个网站上多搜索几次，选出最佳组合。同时也可以在各大航空公司的官方网站上查询特价信息。如果提前1个月在网上预订机票，可以享受到一定的优惠。

| 常用的机票预订网推荐 | | |
|---|---|---|
| 名称 | 网址 | 特色 |
| 去哪儿网 | www.qunar.com | 信息全面，常有特价机票 |
| 携程网 | flights.ctrip.com | 有各类国内外低价机票 |
| 一起飞网 | jps.yiqifei.com | 有一年内各国航空公司的航班，价格便宜，可在不付款的情况下出飞机票订单 |
| 天巡网 | www.tianxun.cn | 可比较一月之内或一年之内任何航班线路的机票价格，帮助用户选择价格最优的航班 |

## ★ 直飞土耳其的航班

可以从北京、上海、广州等城市乘坐土耳其航空公司的航班直飞土耳其的伊斯坦布尔，约需10小时。另外，中国南方航空公司在乌鲁木齐和伊斯坦布尔之间也有航班；还可以在迪拜、多哈、法兰克福等地转机飞往伊斯坦布尔。伊斯坦布尔有两个机场，一个是伊斯坦布尔首都机场即阿塔图尔克国际机场（欧洲机场，IST），一个是萨比哈·格克琴国际机场（亚洲机场，SAW）。

## 中国飞往土耳其的航空公司推荐

| 名称 | 网站 |
|---|---|
| 土耳其航空 | www.turkishairlines.com |
| 中国国航 | www.airchina.com.cn |
| 南方航空 | www.csair.com/cn/ |
| 飞马航空 | www.flypgs.com/en/ |
| 阿提哈德航空 | www.etihad.com/zh-cn/ |
| 俄罗斯航空 | www.aeroflot.ru/cms/zh/ |
| 阿联酋航空 | www.emirates.com/cn/chinese/index.aspx |
| 卡塔尔航空 | www.qatarairways.com/cn/cn/homepage.page |
| 德国汉莎航空 | www.lufthansa.com/cn/mi/Homepage |

★ **廉价机票购买秘籍**

购买飞往土耳其各城市的机票,可以提前一个多月购买,那个时候的机票价格比较合适。如果对于机票价格比较在意,可提前3个月就开始关注票价变化,遇到价格低点就果断出手。可登录各航空公司的网站查询,也可通过实用的廉价航空比价网,搜索便宜的机票。

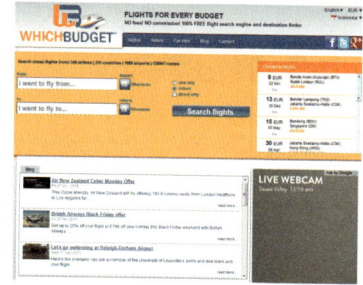

## 实用的廉价航空比价网推荐

| 名称 | 网址 | 特色 |
|---|---|---|
| 全球低价航空公司 | www.attitudetravel.com/lowcostairlines | 确定想去的区域、国家,即可找到所有飞往该国的低价航空公司,再点相应的航空公司,即可得知各家的航线和特惠 |
| 最后一分钟 Lastminute | www.lastminute.com | 紧急寻找廉价机票的比价网 |
| Whichbudge | www.whichbudget.com | 搜索许多廉价航空信息 |
| 玩够 | www.hotelthailand.com | 中文网站,预订、查询方便,有旅行社提供的相关服务 |
| 卡雅 Kayak | www.kayak.com | 信息量大的搜索网站,不卖机票,帮助对比所有卖机票的网站和航空公司网站的价格,能搜出便宜的机票,廉价航空公司的除外 |
| Vayama | www.vayama.com | 专门为国际机票而开的网站,可以买到最高60%折扣的国际机票 |

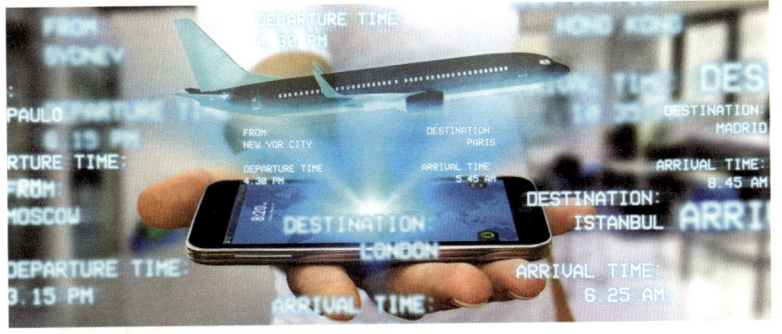

## ★ 机票预订不可忽略的事

购买前往土耳其的机票时,可能需要提供护照号码(Passport NO.)、出生日期(Date of Birth)、有效期至(Passport Expirt Date)、护照签发国家(Country of Issue)、居住国地址(Country of Residence)、土耳其目的地地址(US Address)等信息。在购买机票的时候还要留意各航空公司对于行李的要求,以免在登机时因携带不符合规定的行李而耽误行程。

## ★ 图解土耳其机票预订流程

国内的航空公司网站预订前往土耳其的航班十分方便,如果打算在土耳其的航空公司官网预订机票也不会很麻烦。登录土耳其航空公司的网站后,会发现航空公司的网站页面内容都差不多,预订机票十分简单。下面以土耳其航空公司官网订票为例,详细介绍订票流程。

### 1 登录官网,选择国家

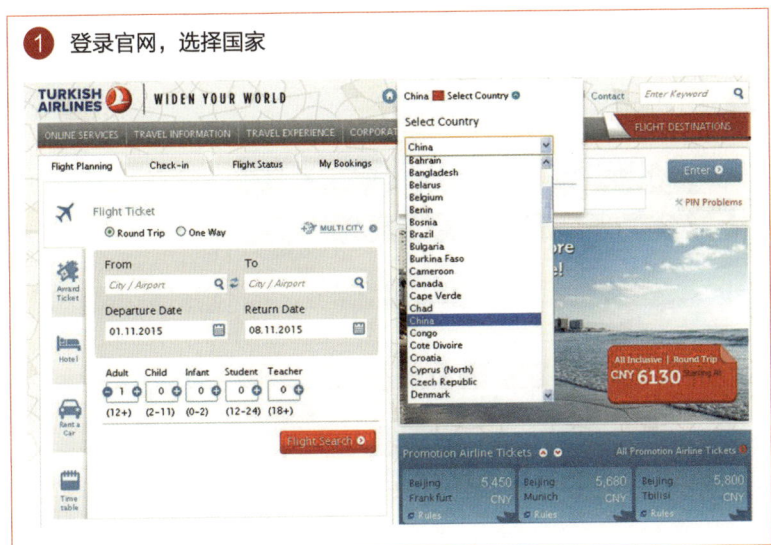

## ❷ 填写基本信息

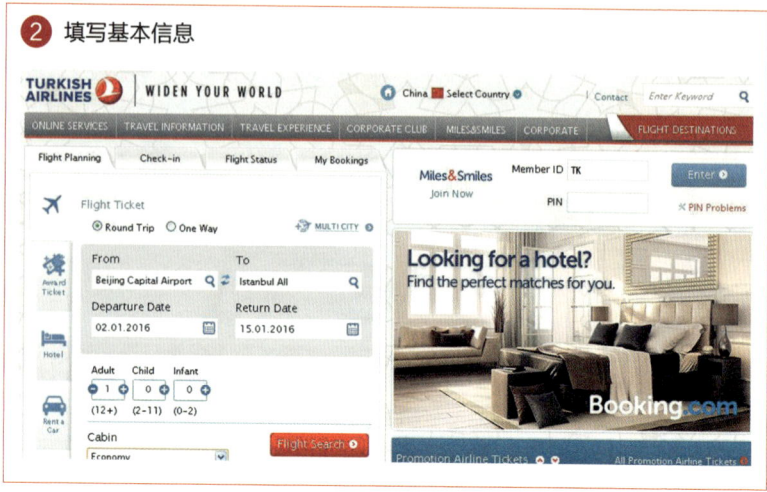

## ❸ 选择具体航班

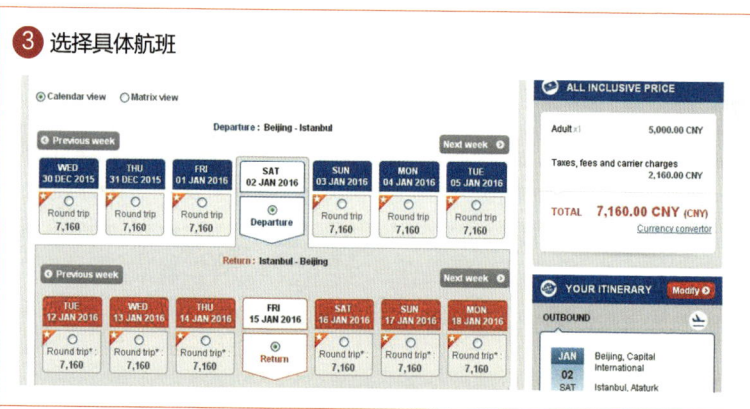

## ❹ 确认航班信息

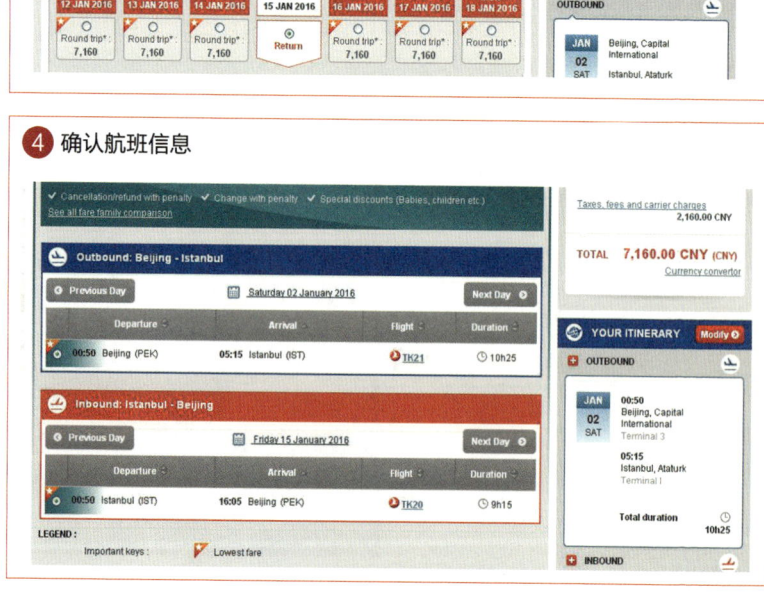

## ⑤ 填写个人信息

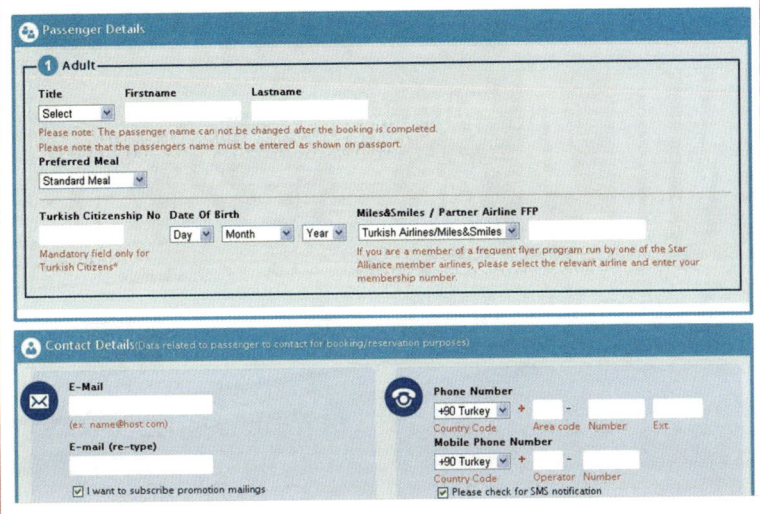

## ⑥ 确认信息，支付费用

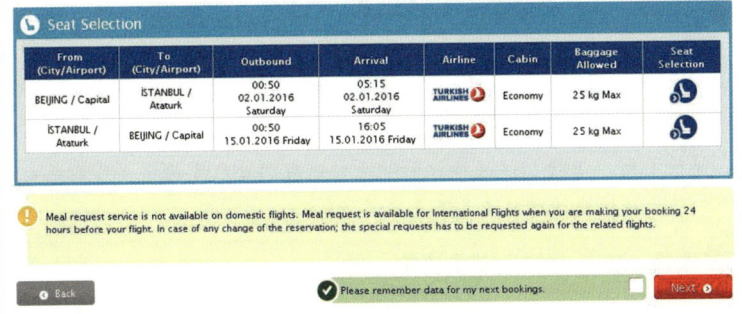

### 管家提示

节省机票费用小窍门：

1. 在高峰期之外出行。高峰期包括圣诞节、新年、五一假期、十一假期和暑假（7月和8月）。

2. 查看旅行社、报纸、旅行网站和航空公司网站的特价优惠。大多数主要航空公司在其网站上有一个"特价优惠"专区。

3. 寻找旅游套餐计划。好的旅游套餐计划会提供个人消费无法享受到的低费率机票价格和食宿。

# NO.4 预订酒店就是这么简单

### 过来人经验谈

**小懒猫·女·慵懒才是旅行的真谛**

到伊斯坦布尔下飞机后,我们拖着沉重的箱子打车找到了酒店。我们订的酒店是类似青年旅舍的酒店,位置不错,但是很难找到。伊斯坦布尔老城区密密麻麻的都是房子,兜兜转转了好久才找到。下车后,司机帮我们把箱子提到了酒店,以往旅行的时候都是我们自己提行李,可能只是这一个细节,便使我开始对土耳其产生了好感。

**朕是女汉子·女·时尚女青年**

我们在卡帕多西亚住的是洞穴酒店,应该说是这趟旅程最喜欢的酒店了,而且很便宜,一晚上不到400元人民币。酒店房间又大又宽敞,房间出来上楼就是餐厅和花园,视野非常宽广。

**黛尽青丝·女·吃是旅行最重要的组成部分**

我们订的伊兹密尔的民宿有点失败,虽然Airbnb上有很多好评,但是到了那里却发现,门不能正常上锁,而且门上有很多洞,被撬过不止两次。浴室门是坏的,浴缸很脏,房间没有空调,风扇的风又小。最可怕的是,楼下有恶狗一直叫,一直叫,凶残得很。我们又恰好在二楼,厨房到处是女主人的烟蒂,冰箱有她冷冻的药,这一切看起来就像"凶宅"一样,还好我们安全地住过了两天,以后住民宿要更加慎重了。

说书人·男·走过一片土地,爱上那一群人

土耳其的酒店都是在缤客(Booking)和艺龙上订的,整体比较满意。相比艺龙,缤客的价格更有优势,而且可以退订,比较方便。有时候一些酒店的特价房不能退,但是价格很有优势,大家可以货比三家,选择适合自己的。

## ★ 土耳其常见的酒店类型

土耳其遍布着各种类型的酒店,游客可以大选特选。从令人陶醉的豪华宫殿式酒店到历史悠久的老牌酒店,从便捷的商务酒店到简洁便宜的青年旅舍应有尽有,更不用说大量可供租用的海边别墅和公寓套房了。按照住宿设施分类,土耳其的住宿主要可分为酒店、家庭旅馆及青年旅舍三类。酒店建议选择三星级的,这种酒店安全系数较高,同时价格也比较容易接受。土耳其的家庭旅馆极富土耳其民族风格,具有浓郁的家庭氛围,是入乡随俗的最佳入住之地。再次是青年旅舍,虽然这种住宿场所的空间比较小,但是非常干净,价格实惠,很受背包客的喜爱。

| 土耳其住宿类型概况 | | |
|---|---|---|
| 类型 | 信息 | 图示 |
| 星级酒店 | 土耳其的酒店依据等级不同,价位和服务也会有所差别。等级较低的酒店多提供公共淋浴和卫生间,等级较高的酒店会提供独立的空调、浴室、卫生间。国际型高档酒店的设施则更加齐全,并且多配有游泳池、健身中心、酒吧等。如果没有来得及提前预订也不用担心,大街上有众多写着"Hotel"或是"Otel"的酒店可供选择。如果想了解更加全面的住宿信息,建议到土耳其旅游办事处咨询,他们会给出令你满意的答复 | |
| 度假村 | 土耳其拥有众多海港和小岛,分布着众多的度假村。度假村配有客房、露天餐厅、咖啡厅以及一些娱乐设施。内部的装饰豪华,视野开阔,甚至可以看到美丽的海景。此外,有的度假村还可以满足顾客在海滩上沐浴阳光的需求 | |
| 洞穴酒店 | 洞穴酒店被游客誉为最有趣的住宿地,是土耳其所特有的住宿场所,在其他国家很少见。这些酒店大都集中在卡帕多西亚地区,多是用巨型岩石改造出来的。里面的设施齐全,各式各样的马赛克壁画装饰得很独特。很多游客都喜欢来洞穴酒店中体验一番,虽然价格不菲,不过在这种与众不同的住宿场所中体验一下也是不错的 | |

续表

| 类型 | 信息 | 图示 |
|---|---|---|
| 家庭旅馆 | 家庭旅馆一般距离市中心较远，住宿条件简单，价格便宜，通常是狭小的房间内配上简单的床。家庭旅馆有合租的，男女分开，一间房内有几张床。另外还有稍贵些的单间，不过即使是单间，卫生间也是共用的。一个人前来土耳其旅行，入住家庭旅馆安全系数较高，而且还可以交到异国朋友，可以更加深入了解土耳其当地的风俗民情 | |
| 青年旅舍 | 青年旅舍主要针对的是背包客、学生和穷游的旅行者，在土耳其各个地区还会有些学生宿舍作为青年旅舍对外开放。青年旅舍的价格便宜，条件简单。有关青年旅舍的信息，可以登录www.hihostels.com 查询 | |

★ **最常用的酒店预订网站**

国内预订土耳其住宿的常用网站有缤客网、雅高达（Agoda）网、国际青年旅舍联盟网等，这些网站选择性较多，价格比较低廉。在土耳其，三星级左右的酒店比较舒服，一般都提供早餐，并有好多水果供应。

| 驴友常用的酒店预订网推荐 | | |
|---|---|---|
| 名称 | 网址 | 简介 |
| 缤客网 | www.booking.com | 有中文网站，使用方便，但可选择的住宿地相对来说较少 |
| 雅高达网 | www.agoda.com | 提供全球酒店的低价折扣价格，预订酒店需要提前付款，可以使用双币信用卡、储蓄卡或者支付宝付款 |
| 国际青年旅舍联盟网 | www.hihostels.com | 可以查询及预订国际青年旅舍 |
| 空中食宿网（Airbnb） | zh.airbnb.com | 可联系旅游人士和有空房出租的房主的服务型网站，为用户提供各式各样的住宿信息，价格通常比酒店便宜 |
| 竞拍网站（Priceline） | www.priceline.com | 可通过竞价方式拍到最便宜的宾馆，缺点是不能取消订房 |
| 卡雅网（Kayak） | www.kayak.com | 将各个网站的信息进行汇总比较的网站，可查找到便宜的酒店，但这个网站不提供酒店预订 |

## ★ 酒店预订不可忽略的事情

1. 土耳其住宿的价格会根据淡旺季而有所差别，一般城市在5～7月为旺季，海滨城市在7～9月为旺季。

2. 土耳其酒店价格中一般会包含早餐，早餐多为较常见的土耳其西式自助早餐。当然，酒店的星级不同，所供应的早餐级别和种类也就有所不同（一般为奶酪、果蔬、面包、咖啡茶、清真火腿、鸡蛋等）。

3. 土耳其星级酒店有国际和本地的区分，大部分旅游团会入住本地五星或四星级的。土耳其酒店大多配有独立的浴室、洗手间，但很多并不配有国内常见的洗漱套件，因此尽量自备。土耳其大部分酒店都配备有无线网络，一般需要输入酒店提供的密码登录，大部分是免费的。

4. 在土耳其入住高档酒店时需要支付小费，一般会在侍者帮忙拎包时支付1～2里拉的小费；如果房间整理较好，临走时也可留1～2里拉当作小费。

5. 土耳其电源大多是欧洲标准，电压为220V，插头是欧标双圆插座，建议旅客自备转换插头。

预订酒店之前需要搞清楚城市交通和酒店位置，有时虽距离景点近，但交通并不方便。

**管家提示**

伊斯坦布尔有许多酒店，总体价格比国内便宜。不过，如果不是国际酒店管理集团的连锁店，其星级标准至少比国内低一级半。在主要景点集中的老城区，有许多住宿的地方。

在帕穆卡莱观光游览最容易出现的纠纷是拉客住宿问题。在长途巴士站和帕穆卡莱村的巴士站附近都有很多拉客的土耳其人。前来这里游览的游客最好提前预订酒店，这样到了巴士站，酒店就会派巴士来接待，以免出现不必要的麻烦。

科克瓦岛住宿

# NO.5 有钱没钱都别任性

> 过来人经验谈

### Summer冷·女·每座城市都有自己的温度

我们在出发前各自换了300多欧元,最后刚好用完。去土耳其可以带银联卡,那边有四叶草标志的ATM都可以用银联卡取款,里拉和欧元都可以取,其中华夏银行和成都银行的卡都是免手续费的,其他银行取款好像手续费也就是十几块钱。如果用VISA或者MasterCard取现就要收很高的手续费。土耳其商场购物不能刷银联卡。

### 朕是女汉子·女·时尚女青年

去土耳其带张银联卡能直接在ATM取现,有中文界面。取的是里拉,有大钞和小钞混搭的。我带的华夏芯片卡,一路取现没问题。住宿付欧元,许多店家表示付里拉也可,乘坐热气球付欧元。除此之外土耳其都是用里拉付费。

### 黛尽青丝·女·吃是旅行最重要的组成部分

总体来说,土耳其的物价不是很贵。伊斯坦布尔的物价最高,景区的消费跟国内一线城市差不多,其他地方便宜一些。吃饭的话一顿20~80里拉就足够了。我们吃过最贵的一顿,是在一个既可以看蓝色清真寺又可以看圣索菲亚大教堂风景的餐厅,那里的瓦罐牛肉一罐是85里拉。其他地方一顿平均15~30里拉就够了。

**墨染殇雪·男·爱生活,爱旅行**

国内不能兑换里拉,需要到当地用欧元或者美元兑换,或者用银联卡在自动提款机提现。做过功课的小伙伴都应该知道大名鼎鼎的四叶草银行。我们这次是带了欧元过去,在机场兑换。刚一入关,两侧都有换钱的窗口,汇率还可以,但是每次都要收取4%的手续费。提了行李出来,外面又有许多兑换亭及店铺,汇率比机场里面还要合适一些,但也要收取手续费。

**说书人·男·走过一片土地,爱上那一群人**

到了伊斯坦布尔的阿尔塔图机场已经是当地时间一点钟,拿了行李后就到机场的四叶草银行的ATM取钱。出了拿行李的地方右转就是ATM,银联卡可以直接取里拉,汇率非常不错。

**凡夫俗子·男·老骥伏枥,志在千里。烈士暮年,壮心不已**

土耳其的兑换处(Exchange Office)是很多的,其中伊斯坦布尔靠近蓝色清真寺最多,而且每家的汇率都会不一样,可以比较一下再兑换;其他城市也有兑换处,但是汇率会有些浮动。我这次去费特希耶(Fethiye)和格蕾姆(Goreme),发现汇率还不如伊斯坦布尔机场的汇率好。我原本想着,机场的汇率总归不如市内的好,但小城市兑换处的汇率就是不如大城市。

## ★ 在土耳其使用什么货币

土耳其官方货币是土耳其里拉(TL),自2009年1月1日开始流通的里拉又被称为新里拉(TRY)。辅币为库鲁,1里拉=100库鲁。

发行的纸币有100里拉、50里拉、20里拉、10里拉、5里拉、1里拉等面值。硬币有1里拉、50库鲁、25库鲁、10库鲁、5库鲁、1库鲁。在银行、货币兑换亭、邮局、机场和港口都可以兑换土耳其里拉,建议到标有DÖVİZ的兑换亭兑换比较划算。兑换亭通常在周一至周六营业,但一些旅游景点有的兑换亭会每天都营业,以满足游客的需求。

## ★ 在土耳其能用哪些银行卡

在土耳其比较常用的银行卡有 Visa、万事达、银联卡。在土耳其中档以上的酒店以及城市中的餐馆、大型巴士公司、超市、商店等都可以使用信用卡结账。要注意，最好多带几张信用卡，以防有些终端装置不接受使用。带 IC 芯片卡购物时需要输入密码（英语是 PIN）。中国的银联卡可以在土耳其担保银行（Garanti Bank）所有注明"Garanti"、带有四叶草标志的 ATM 和 POS 上使用，华夏银联卡全球每天第一笔取现免手续费。关于土耳其担保银行的更多信息可以在 www.garanti.com.tr 网站上查询。

### tips

**1 办理国际信用卡**

申请办理国际信用卡，需要了解如下信息：

（1）缴纳保证金：约 500 美元（不同银行要求不同）。

（2）证明资料：身份证明（身份证、户口簿等）、工作证明以及收入证明，如想提高信用额度以及发卡成功率，还可提供学历、房产证复印件、汽车行驶证复印件等。

（3）年费：办理信用卡后需要交年费，一般为 100～300 元，许多银行规定只要每年刷卡购物 6 次以上（达到一定消费金额）即可免年费。

**2 不用输入交易密码的银联信用卡**

中国工商银行、中国农业银行、中国银行、中国建设银行、交通银行、招商银行、平安银行、光大银行、中信银行、浦发银行、广发银行、北京银行、上海银行、民生银行、兴业银行等发行的，卡号前两位为 62 的银联信用卡，支持信用卡"不输入交易密码、直接签名确认"。

**3 注意取现额度**

在境外 ATM 上使用银联卡取款要注意额度，按照相关规定，大多数借记卡单卡每日累计取款不超过 1 万元人民币的等值外币，信用卡累计取款限额需咨询发卡银行。如果超过取款限额，很可能因超限被拒。

### ★ 带多少现金合适

去土耳其旅游,每人携带500欧元左右的现金就足够了。到土耳其后兑换500里拉的现金基本上就够几天的花销了,其他的现金可以随用随取。入境土耳其时没有外币的限制,但是在出入境时不能携带价值超过5000美金的土耳其里拉。兑换外币后请妥善保管银行的回单,因为在购物、离境换汇时可能需要出示此回单。

**管家提示**

在土耳其用欧元、美元都能换里拉,在伊斯坦布尔少数地方还可以用人民币兑换,当然欧元会更通用一些。比如乘坐热气球,热气球公司通常直接收欧元,而且希望能支付现金,偶尔还会给付现的人优惠10欧元。

| ATM 取款常用语 | | | | | |
|---|---|---|---|---|---|
| 中文 | 英文 | 土耳其语 | 中文 | 英文 | 土耳其语 |
| 现金 | Cash | Nakit | 密码 | password | Şifre |
| 取现 | Withdrawal | Çekilme | 更改密码 | PIN Change | Değiştir PIN |
| 转账 | Transfer | Transfer | 账户余额 | Account Balance | Hesap bakiyesi |
| 快速取款 | Fast Cash | hızlı Nakit | 余额查询 | Balance Inquiry | Denge Sorgulama |
| 支票账户 | Checking Account | Hesap kontrol ediliyor | 可用余额 | Available Balance | Mevcut Bakiye |
| 储蓄账户 | Saving Account | Hesap kaydediliyor | 余额不足 | Not Sufficient Funds | Yeterli bakiye yok |
| 信用卡 | Credit Card | Kredi kartı | 终端便利费 | Terminal Usage Fee | Terminal Kullanım Ücreti |
| 交易凭条 | Recipt | Makbuz | 取现金额超限 | Amount exceeds withdrawal limit | Tutar çekme sınırını aşıyor |

# NO.6 行李打包就是如此省心

 过来人经验谈

### 小懒猫·女·慵懒才是旅行的真谛

很多人出行前都很纠结、很担心,生怕把什么东西落下了。其实网上有好多物品清单模板,我便下载了,按自己的实际情况稍微调整了一下,就有了自己的清单。然后按照清单一样一样准备,保证万无一失。不过,从土耳其回来之后,发现好多东西根本就没有用上,白白收拾了半天。

### 朕是女汉子·女·时尚女青年

对于如何在土耳其游玩的过程中拍出好看的照片,我总结了以下几条经验:

1. 如果想拍好看的照片,建议带纯色的衣服,如红色、橙色、宝蓝色等明亮度都很高的衣服,拍出来效果特好,饱和度高,很抢眼。

2. 第二种就是穿一些带有少数民族特色花纹的衣服,配合土耳其古朴的建筑与自然风光也是很不错的。

3. 建议带一条漂亮的披肩,可以当头巾防晒也可以当披肩,拍照也好看。

4. 长袖外套一件,短袖若干。长裙长裤一定要备,特别是去卡帕多西亚红线、绿线游览,一定要穿长裤和运动鞋,一是防晒,二是那边尘土大,穿短裤容易擦伤。

5. 墨镜,照相最容易出彩。

6. 防晒衣,颜色越鲜艳越好。

### Summer 冷·女·每座城市都有自己的温度

卡帕多西亚超级晒!超级晒!超级晒!重要的事情说三遍。去卡帕多西亚一定要注意防晒,建议走卡帕多西亚红线、绿线穿防晒衣加长裤和运动鞋，颜色鲜艳拍照也很好看；或者穿长裙衣带披肩，戴遮阳帽加墨镜，也是不错的搭配。防晒霜一定要每个小时或每两个小时补一次。

**黛尽青丝·女·吃是旅行最重要的组成部分**

土耳其很干，皮肤干燥的人一定要做好保湿。我在土耳其手指天天脱皮，防晒霜涂多了也容易脱水，建议携带大量补水面膜、手霜、唇膏、身体保湿乳液、晒后修复霜等，每天晚上一定要认真涂保湿的护肤品。

## ★ 必备物品不可少

必备物品主要有证件类、衣物类、药品类、通信拍照类、清洁卫生类及护肤品类等。其中，护照、机票、酒店订单、现金（人民币、欧元/美元）、银行卡和信用卡等是最不可或缺的，衣服、洗漱品等物品在土耳其都容易购买到。

### 自驾游额外行李

打算在土耳其自驾游的游客，最好在出发前准备一些与自驾游有关的行李带上，做到有备无患。如带有导航的电子设备、下载离线地图、购买中英文的地图以及驾照的翻译公证件等。

## ★ 做个行李备忘录

| 行李准备清单 | | | | | |
| --- | --- | --- | --- | --- | --- |
| 证件类 | | | 衣物类 | | |
| 类别 | 带齐打√ | 备注 | 类别 | 带齐打√ | 备注 |
| 签证 | | | 长衣长裤 | | |
| 护照 | | | T恤、短裤 | | |
| 学生证 | | | 沙滩衣裤 | | |
| 青年旅舍会员卡 | | | 内衣内裤 | | |
| 证件照及电子版 | | | 外套 | | |
| 现金及信用卡 | | | 鞋 | | |
| 驾照及公证件 | | | 围巾 | | |
| 行程单 | | | 遮阳帽/伞 | | |
| 笔和纸 | | | 太阳镜 | | |

续表

| 药品类 | | | 护肤品类 | | |
|---|---|---|---|---|---|
| 类别 | 带齐打√ | 备注 | 类别 | 带齐打√ | 备注 |
| 驱蚊药 | | | 防晒霜 | | |
| 创可贴 | | | 洗面奶 | | |
| 感冒药 | | | 爽肤水 | | |
| 眼药水 | | | 润肤乳 | | |
| 藿香正气丸 | | | 眼霜 | | |
| 诺氟沙星 | | | 隔离霜 | | |
| 通信拍照类 | | | 清洁卫生类 | | |
| 类别 | 带齐打√ | 备注 | 类别 | 带齐打√ | 备注 |
| 手机 | | | 毛巾 | | |
| 相机/DV | | | 牙膏/牙刷 | | |
| 存储卡 | | | 梳子 | | |
| 替换电池 | | | 剃须刀 | | |
| 充电器/充电宝 | | | 湿巾/纸巾 | | |
| 插头转换器 | | | 生理用品 | | |
| 地图 | | | 旅行三宝（U形枕、耳塞、眼罩） | | |
| 攻略指南 | | | | | |

**行李打包流程**

**1 所需物品放一起**
将所有需要打包的物品放在一起，可方便整理，还能避免打包结束后又要拆包放置被遗忘的物品。

**2 摆放物品有先后**
行李箱内物品应按照衣服在底其他物品在上的原则，垂直应为上轻下重的顺序摆放。背包内一般放置证件、充电器、洗漱包等日常物品。

**3 掌握技巧多装东西**
合理利用箱包内的空间能够装进更多的东西。将衣服卷起来，杯子里放上毛巾，打包后将袜子或丝巾等物品卷成卷放入有空隙的角落等都是不错的打包技巧。

**4 打包带必不可少**
前往土耳其的航程时间较长，

一根打包带能使行李箱多一份安全保障。

**5 巧用胶带防被偷**
打包结束后可以在行李箱边缘或行李箱锁口处贴上一小条胶带,这样如果有人对行李箱做过手脚就能很容易看出来。

**6 明显标记不拿错**
将自己的行李箱做上特殊的标志,这样在机场领取行李时,能更好地找到自己的行李,以免被他人拿错。

## ★ 行李打包窍门

**1** 将重要的证件等放在手提包内,一来方便检查,二来以免行李箱丢失造成不必要的麻烦。

**2** 把衣服一件件卷起来塞进行李箱,这样既节省空间又不容易让衣服起皱,想找哪一件也一目了然。

**3** 收拾行李时,把鞋子放进浴帽里,浴帽很容易洗干净,还可以防止鞋子把干净的衣服弄脏。

**4** 耳机和电源线可以缠在没用的卡片上,用剪刀稍微剪两下就省下了买绕线器的钱;也可以把各种电源线缠好放到旧眼镜盒里;把夹头发的小卡子放到空糖盒里,放在包里随用随拿,还能避免弄丢。

**管家提示**

前往土耳其旅行个人物品较少,可以采用1个背包(随身)与1个行李箱(托运)的搭配。个人物品较多,可以采用1个背包与2个行李箱,或者2个行李箱(1大1小)与1个腰包的搭配。这样既携带方便还能满足出行需求。

行李在托运过程中,不可避免要被丢来丢去,因此选择行李箱时,以轻便和坚固为重点,以能承受一定压力为宜。对包装不合要求的行李,航空公司有权拒绝收运。

如果有在土耳其购物的打算,不妨携带一个空行李箱前往。可以将自己的行李装在较小的行李箱内,再将小行李箱放在大行李箱内,这样可节省一件托运的行李。或者干脆在土耳其购买新的行李箱装自己所购买的物品。回国时候的国际航班多数可以托运两件行李。

# NO.7 随时随地保持联系

### 过来人经验谈

**Summer 冷·女·每座城市都有自己的温度**

去土耳其如果不上网，开通国际漫游就足够了。如果住宿的酒店有网络，可以在网上与亲朋好友联系。但是，如果有网络或者随身 Wi-Fi，一定要在手机或者 iPad 上下载导航软件，毕竟土耳其的地域还是很辽阔的，迷路可不是件好事情。

**墨染殇雪·男·爱生活，爱旅行**

我们这次在网上租了漫游宝，说是针对土耳其的，实际上在俄罗斯机场也有信号。费用是每天 39 元人民币，从开始上网到之后的 24 小时之内算为一天。超过 24 小时之后，可以选择是否继续使用，如果不连接网络，或者关机，就不计费。在土耳其自驾游，尤其是导航坏了的情况下，有网络就非常方便了。

**说书人·男·走过一片土地，爱上那一群人**

带了个旧手机，到了伊斯坦布尔机场，买了个 SIM 卡，4G 流量加 2 小时国际通话的卡 140 里拉，基本足够 30 天用。顺便提一下，土耳其现在似乎没有外国进入的手机需交 120 里拉的税才能使用的说法了（据说不交税只能用 7 天左右），因为这次用了 30 天也没有停机。本来想去交税的，问了很多人都不知道上哪去交。

## ★ 方便快捷的国际漫游

打客服电话或是在网上营业厅都能开通国际漫游业务。办理国际漫游业务后，使用自己的手机就可以在土耳其接打电话、上网了，十分方便。不过通话量大的游客应当考虑到高额话费的问题。

### 移动用户

| 移动资费信息（土耳其） | | | | | | | | | |
|---|---|---|---|---|---|---|---|---|---|
| 国家 | 拨中国内地 | 漫游地接听 | 拨漫游地 | 拨其他国家和地区（不含特定国家和地区） | 发短信回中国内地 | 发短信至其他国家和地区 | 收短信 | 数据流量 | 4G漫游 |
| | 元/分钟 | | | | 元/条 | | | | |
| 土耳其 | 2.99 | 1.99 | 1.99 | 3 | 0.69 | 1.59 | 0 | 6元包3M | 不支持 |

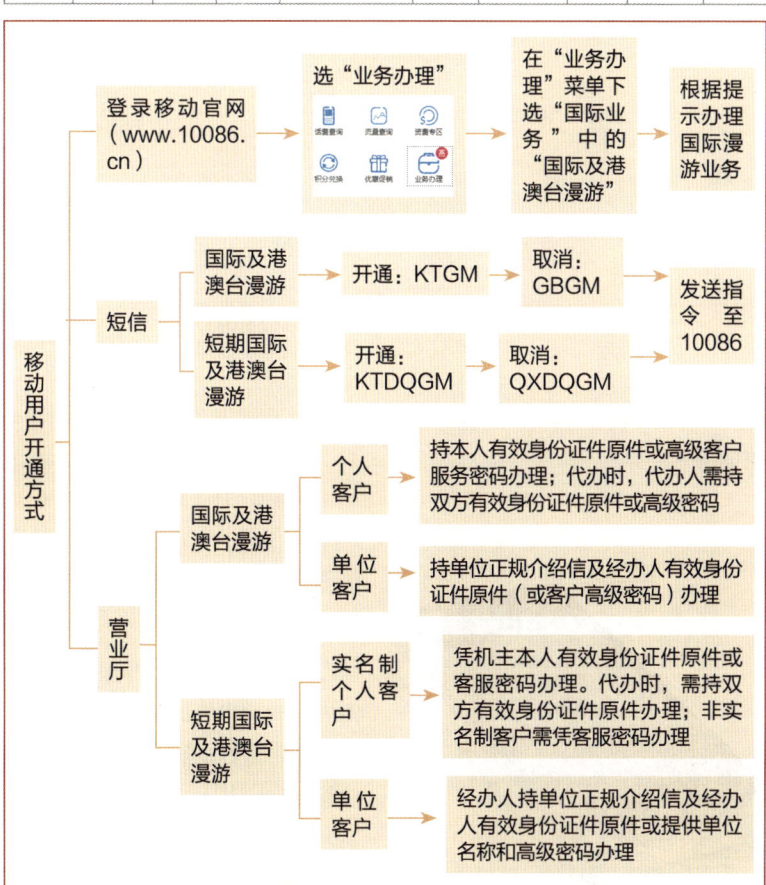

去土耳其要做的9件事

### tips

满足免预存/免账户余额等条件的客户,可以通过短信方式办理。当月办理,当月生效。每月最后一天无法通过网站办理,最后一天19:00后无法在营业厅、短信渠道办理。

### 联通资费信息(土耳其)

| 运营商名称 | 拨打漫游地(元/分钟) | 拨打中国大陆(不含港澳台)(元/分钟) | 漫游地接听(元/分钟) | 发中国大陆(不含台港澳)短信(元/条) | 数据漫游 |
|---|---|---|---|---|---|
| 土耳其 Vodafone<br>土耳其 Turkcell<br>土耳其 AVEA | 1.86 | 2.86 | 1.86 | 0.86 | 5元/3 MB·天 |

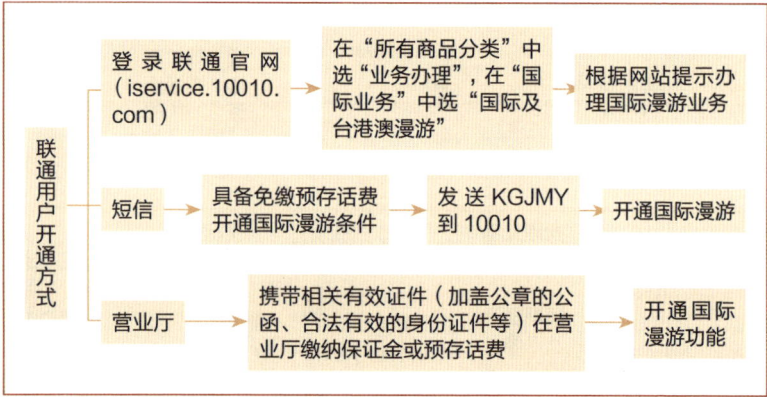

### 电信用户

中国电信根据漫游地网络制式不同为用户提供 CDMA 国际漫游(简称"CtoC 漫游")和 GSM(包含 WCDMA)国际漫游(简称"CtoG 漫游")。若想开通 CtoG 漫游,需办理天翼国际卡。办理国际漫游需携带有效身份证到营业厅办理,普通用户需要交纳 500 元押金,如果是天翼钻石卡、金卡用户,可通过拨打中国电信客户服务热线 10000 直接开通。

### ★ 省钱的电话卡

如果你的手机开通了漫游功能，那么可在土耳其直接使用，但是漫游费可能会很高。如果想要拨打当地电话，建议购买当地的预付费 SIM 卡，在土耳其任意一家手机店凭借护照和手机都可以买到。同时，需要在店内注册你的手机 IMEI 号码以及个人信息。办了这种卡之后，就可以放心拨打当地的电话了。如果只是在土耳其旅游，建议到土耳其电话局购买"TT Card"卡，时长 90 分钟，国内外都可以拨打，非常方便。

### 上网卡

中国手机在土耳其可以使用土耳其的上网卡。在土耳其当地 Vodafone、Turkcell 和 Avea 三家公司的柜台都有出售。Vodafone 公司的卡是 100 里拉一张，内含 60 里拉的话费，手机上网服务可以咨询营业员，他们会讲英文。Avea 公司的卡有 20 里拉套餐，内容包括免费接听、250 分钟免费通话、250 条免费短信及 250M 上网流量，具体情况，可以询问当地销售柜台。

### ★ 教亲人与你联系

#### 从中国往土耳其拨打电话

00+ 国家代码（90）+ 对方电话号码（去掉长途区号最前面的 0）。例如，从国内拨打到伊斯坦布尔的电话 7654321，则应该拨打：0090+212+7654321。

**从土耳其往中国拨打电话**

00+ 国家代码（86）+ 城市区号 + 对方号码（去掉长途区号前面的0）。例如，从土耳其拨打北京的电话7654321，则应该拨打：0086+10+7654321。

**微信/QQ**

出国前帮亲人在手机上安装微信或QQ，互相加为好友。在土耳其，用手机上网相当方便，酒店、大型购物商场等一般都有免费Wi-Fi。如果没有Wi-Fi，移动的国际漫游流量是3元人民币/3M，当天流量费30元封顶、总流量50M封顶并暂停流量功能。如果这些流量不够用，又找不到免费Wi-Fi，可以到网吧与亲人联系。

★ **不可错过的免费网络**

土耳其的酒店及一些大型餐厅会有Wi-Fi，大多是免费的，酒店的Wi-Fi密码一般在前台、房间内都有标明。餐厅的Wi-Fi密码一般需要向服务生询问。在机场和大型广场也有免费的Wi-Fi，可填写手机号码或邮箱获得登录验证码。土耳其当地手机号能收到含有验证码的短信，非土耳其当地手机号，最好填写邮箱账号以获取验证码。

 **管家提示**

在土耳其，只有注册过的手机（注意：是手机，不是SIM卡）才可以在土耳其使用，外国人需要将手机在土耳其的税务局注册。具体流程为：购买SIM卡的时候提供你的护照和复印件，运营商的工作人员会将手机的IMEI码调出来在一个网站上注册。也就是说如果你登记的手机丢失或者损坏，会导致SIM卡无法使用。

# NO.8 保险为你的旅行保驾护航

### 过来人经验谈

**小懒猫·女·慵懒才是旅行的真谛**

我认为出境游买意外险是必须的，反正也花不了多少钱，还能给自己的旅行加一份保障，万一出点什么事，也多一根救命稻草。

**Summer冷·每座城市都有自己的温度·慵懒才是旅行的真谛**

由于第一次去土耳其游玩，对旅行目的地也没有认识，就买了份综合型的旅游保险，这种保险主要针对各类发生频率较高的小意外事故。

**凡夫俗子·男·老骥伏枥，志在千里。烈士暮年，壮心不已**

外出旅行无论是不是真的会有危险发生，给自己买一份保险就是对自身安全的保障。一旦有意外情况，保险真的能起到很大的作用。

### ★ 哪些保险公司靠谱

去土耳其旅行前买份境外旅行保险很有必要。在国内，可选择中国平安、中国人寿、太平洋人寿等保险公司投保，具体保险项目可到保险公司营业厅或其官网上购买，手续相当简单，不需要另外体检。

**PART 1** 去土耳其要做的9件事

| 保险公司网站信息 | | |
|---|---|---|
| 保险公司 | 网站 | 有关险种 |
| 中国人寿保险公司 | www.e-chinalife.com | 出境保险等 |
| 中国平安人寿保险公司 | www.4008000000.com | 境外旅游保险—全球行等 |
| 中国太平洋人寿保险公司 | www.ecpic.com.cn | 境外旅行综合及紧急救援保险等 |
| 太平人寿保险公司 | www.cntaiping.com | 太平悠长假期旅行意外保障等 |
| 泰康人寿保险公司 | www.taikang.com | 泰康e顺签证宝旅行保障计划等 |

## ★ 花小钱换大保障

境外旅行保险一般包括意外险、医疗险等,有的还附加境外个人旅行不便保险、境外旅行法律责任险等险种。花点小钱办理境外旅游保险,可以换个大保障。

| 境外旅行险种推荐 | | |
|---|---|---|
| 公司 | 险种 | 范围 |
| 平安保险 | "畅行天下"境外旅行保险(全球行基础计划) | 意外身故/残疾/烧烫伤、意外伤害医疗、紧急医疗救援、航班延误、行李延误、行李票证损失保障、旅行期间家财保险等 |
| 中国人保财险 | 全球旅游保险(e-四海逍遥游保险) | 门急诊及住院医疗费用补偿、行李和随身物品丢失赔偿、托运行李丢失赔偿、意外身故和残疾给付等 |
| 太平洋人寿 | "乐游人生"境外旅行救援保险(尊贵版) | 境外意外伤害保险责任、境外住院医疗保险责任、境外紧急救援保险责任、附加境外个人旅行不便保险、附加境外旅行法律责任保险等 |
| 泰康人寿 | 泰康e顺签证宝旅行保障计划 | 旅行意外伤害身故/残疾/烧伤保险金等 |

**管家提示**

购买保险后,建议随身带好急难救助电话和保单编号(有的保险公司会发给一张小的保险卡),一旦发生事故就能在第一时间通知保险公司,获得救助。正式保单则可以在出行前交给亲友保管。

# NO.9 下载 APP 为旅行加分

### 过来人经验谈

**小懒猫 · 女 · 慵懒才是旅行的真谛**

在这个移动互联网的年代，手机里没几个土耳其当下热门的 APP 都不太好意思出门。出发前，我们下载了谷歌地图。不得不说，谷歌地图是旅游爱好者必备工具，地图中附带有 Google 本地搜索、精细语音导航、公共交通线路和街景视图等功能，吃喝玩乐的地点也都能找到，而且很靠谱。

### ★ 找路用谷歌地图

谷歌地图是一个实用的地图软件，支持手机 IOS 系统、Android 系统及 Windows Phone 平台，在手机应用商店搜索"谷歌地图"，即可下载。

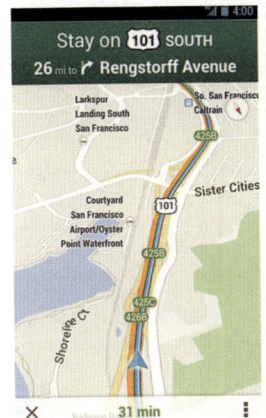

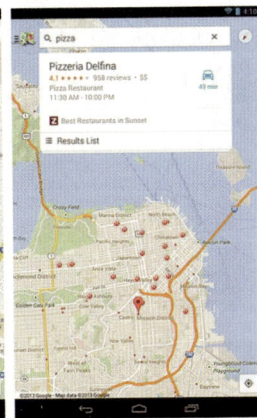

PART 1 — 去土耳其要做的 9 件事

## ★ 订房看 Booking

Booking 是一款订房软件，可提供全球 7 万多个目的地的 60 多万家酒店住宿，并且提供透明的信息、足够的空房以及最优的价格，适用于 iPhone、iPad、Android 等系统，在手机应用商店搜索关键词"Booking"，即可下载。

## ★ 游玩就靠猫途鹰

猫途鹰是一个提供酒店比价和折扣、景点、美食点评、旅游攻略的旅游综合服务平台，软件适用于 iPhone、iPad、Android 等平台。在手机应用商店搜索关键词"猫途鹰"，即可下载。

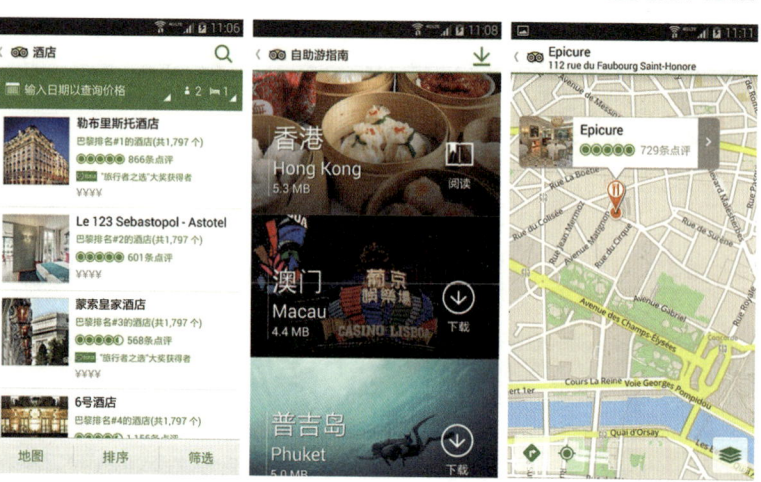

## ★ 实用的就是土耳其自助游攻略

土耳其自助游攻略介绍了土耳其必吃餐馆、必玩景点等各类信息,还对购物、路线规划等问题都作出了解答。在手机应用商店搜索关键词"土耳其自助游攻略",即可下载。

## ★ 交流就靠翻译官

旅行翻译官内容软件包含40多个语种,包括问候、交通、餐饮等日常用语。在各大手机应用商店搜索"旅行翻译官",即可下载。

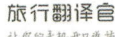

旅行翻译官
让你的手机开口说话

## ★ 怕迷路用离线地图

土耳其离线地图有土耳其各大城市的地图，下载后，即便没有网络也不怕迷路了。在各大手机应用商店搜索"土耳其离线地图"，即可下载。

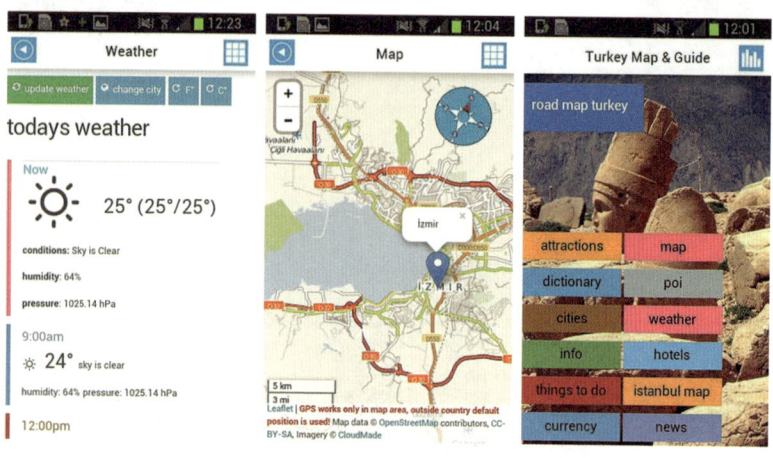

### 管家提示

提前下载与土耳其旅游相关的APP，将土耳其装进手机里，还能获得相应的实惠。但是下载软件一定要通过正规网站，以免在下载过程中遇到病毒。由于大多数APP使用时依赖网络，所以要充分考虑到网络问题。

济尔维露天博物馆

# Part 2

## 4大步骤详解出入境

# NO.1 中国出境别大意

### 🚩 过来人经验谈

**朕是女汉子·女·时尚女青年**

乘飞机有很多东西不能带,特别是很多"中国特色"的食品,即便能带上飞机,也很难在土耳其入境,例如腐乳、月饼等。为保险起见,这类东西还是不带为好。

**Summer 冷·女·每座城市都有自己的温度**

想要有个好位置又不想太早去机场,可以在网上先行办理值机手续,十分方便。出发那天总担心东西没带齐,还逐一检查了护照、信用卡、机票及酒店订单等,并提前3小时到达首都国际机场。当天出境的人不是很多,办理登机牌的队伍并不是很长,托运完行李整个人就轻松了。经过一系列的检查,到达候机厅时还有将近1.5小时才能登机,为了打发时间,连接机场的免费 Wi-Fi 上网,安心等待登机。

**黛尽青丝·女·吃是旅行最重要的组成部分**

我们的航班是 8:00 从首都机场 T3 航站楼起飞,我们一家子当天不到5点就起来了,连一贯早起的小小孩儿也是在睡梦中揪起来。过安检出关,很快就来到了登机口候机。刚好登机口就有儿童乐园,宝宝玩起来,也忘记要喝奶了,刚刚好把奶留着起飞时候喝,还能减轻起飞时候的身体不适感。

**墨染殇雪·男·爱生活,爱旅行**

由于订的是上午的国际航班,所以还没睡醒就开始折腾,到了浦东机场换票、安检之后,还有1个多小时才登机,就在日上免税店逛了逛,给同事们带了些东西。据说浦东机场的日上某些化妆品牌价格是国内最低的(其实所有的东西都是给别人带的)。如果出入境都是一个机场的话,可以先买了寄存在机场,回来的时候取也行。

## ★ 提早出发不慌张

乘坐国际航班的旅客,要经过一系列安全检查,耗时较长,且一般国际航班起飞前1小时就不能办理登机手续。为确保顺利登机,建议在航班起飞前3小时到达相应航站楼。

### 1 办理登机手续及托运行李

办理登机手续前,先确认是否携带有向海关申报的物品。如有,填写"中华人民共和国海关进出境旅客行李物品申报单",并在海关申报柜台办理申报手续。如有需要,也可以先办理行李托运,办完后拿登机牌。

### 2 检验检疫

出国1年以上的中国籍旅客,建议到检验检疫部门进行体检,以获取有效的健康证明。如果出行目的地恰好是某一疫区,应进行必要的免疫预防疫苗接种。

### 3 边防检查

出示有效的护照证件、签证。如持有有关部门签发的出国证明的,要及时出示。

### 4 安全检查

提前准备好登机牌、机票和有效护照证件,交给安全检查员查验。旅客须从安全检测门通过,随身行李物品须经X光机检查。

### 5 海关检查

如果携带有需向海关申报的物品,须填写物品申报单,选择"申报通道"(又称"红色通道")通关;如果没有,无须填写申报单,选择"无申报通道"(又称"绿色通道")通关。

### 6 候机及登机

经过安检以后,可以根据登机牌标示的登机口到相应候机区休息候机。通常情况下,航班起飞前至少30分钟开始登机,可留意广播提示及航班信息显示。

## tips

### 飞机上常用英文

| 汉语 | 英语 |
|---|---|
| 卫生间 | Lavatory |
| 鸡肉/牛肉 | Chicken/Beef |
| 饭/面 | Rice/Noodle |
| 白开水/牛奶 | Water/Milk |
| 橙汁/茶 | Orange Juice/Tea |
| 可乐/雪碧 | Coke/Sprite |
| 我的座位在哪里 | Where is my seat |
| 我能将手提行李放在这儿吗 | Can I put my baggage here |
| 是否可替我更换座位 | Could you change my seat, please |
| 我是否可将座位向后倾倒（向后座的乘客说） | May I recline my seat |
| 机上提供哪些饮料 | What kind of drinks do you have |
| 请给我咖啡/茶/果汁/可乐 | Coffee/Tea/Juice/Coke, please |
| 不加冰 | No ice, please |
| 请给我一个枕头和毛毯 | May I have a pillow and a blanket, please |

## ★ 入境免税物品早知道

入境土耳其的游客可以免税携带价值不超过 255.65 欧元的礼物、255.65 欧元以内的电子产品、个人使用的茶和咖啡、必要的医疗用品、一架照相机、旅行中必需的其他物品等，录音机、电唱机、晶体管收音机在入境时需要申报。

| 土耳其入境免税物品 | | | |
|---|---|---|---|
| 品名 | | 数量 | 备注 |
| 酒类 | | 5 瓶 | 每瓶容量不超过 100 毫升 |
| 香水 | | 5 瓶 | 每瓶容量不超过 120 毫升 |
| 香烟类 | 卷烟 | 200 支 | 或 200 克烟草、200 张卷烟纸、50 克嚼烟、200 克烟斗丝、200 克鼻烟 |
| | 雪茄 | 50 支 | |
| 饮品类 | 咖啡 | 1.5 千克 | — |
| | 茶 | 500 克 | |
| 其他物品 | | 不超过 1 千克的巧克力和不超过 1 千克的糖果，急救物品、汽车零配件、旅行中必需的其他物品 | |

### 管家提示

从中国前往土耳其的时间比较长，为了在飞机上可以坐得舒适些，座位尽量选择走道（Aisle Seat）和靠窗（Window Seat）的位子。机舱空间较小，建议穿比较宽松舒适的衣服，换上机舱提供的拖鞋，多喝水，还可以带一些天然的助眠药品。飞机上还会提供毛毯、眼罩、枕头、报纸、杂志等，可以打发时间。

# NO.2 入境土耳其别慌张

### 过来人经验谈

**朕是女汉子·女·时尚女青年**

我们是凌晨到达伊斯坦布尔的,下了飞机,过海关很顺利。出了海关就看到了两家并排着的现金兑换点,不过还是走到大厅大门右边,在四叶草银行现金兑换点取现。

**黛尽青丝·女·吃是旅行最重要的组成部分**

阿塔图尔克机场出境后在大厅大门右边就有四叶草银行的现金兑换点和ATM,我们就是在那里直接取了现金。

**墨染殇雪·男·爱生活,爱旅行**

飞机从莫斯科起飞2.5个小时后,就降落在伊斯坦布尔的阿塔图尔克国际机场。土耳其的出关非常便捷,不用填写入关登记表,边检人员看了看护照和电子签证单,就盖章放行了。接下来的事情也非常顺利,走出机场门口就看到了旅馆派来的司机举着牌子在等我们。没来得及在出口处找到四叶草银行现金兑换点取里拉就坐上汽车前往酒店了。

**说书人·男·走过一片土地,爱上那一群人**

我们坐南航的飞机降落在在阿塔图尔克机场。我们的行程是到了伊斯坦布尔就直接飞卡帕多西亚,飞卡帕多西亚的机票订的是飞马航空公司的,从萨比哈·格克琴机场起飞。到了伊斯坦布尔后又赶到另一个机场,再加上又是凌晨的航班,确实挺累的。

## ★ 入境审查不紧张

一般来说，海关人员会询问一些简单的问题，用的是英语，只需如实回答就可以。然后去领取行李，之后进入海关检查点进行海关检查。海关检查主要看你是否携带有土耳其海关法中禁止携带的利器（包括露营用刀）、武器和大麻等毒品，以及禁止携带的药品、肉/奶制品和放射性物质。古董、贵重物品和所有价值超过 5000 美元的物品都必须在其所有人的护照上登记。

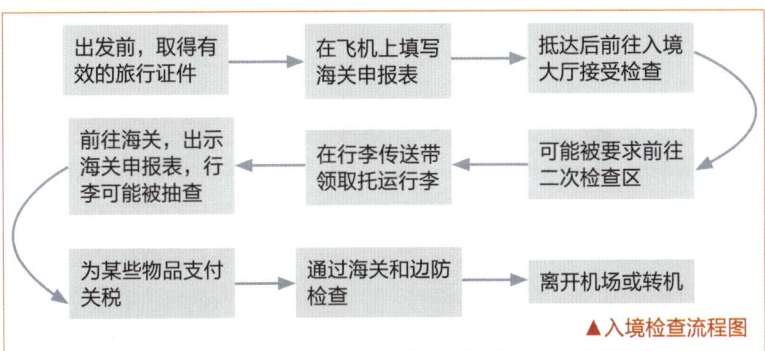

▲入境检查流程图

## ★ 行李领取不出错

根据走道上的指示走到领取行李处，依电脑屏幕或告示找到所乘航班班次的行李传送台。从转盘上取下自己的行李，仔细核对行李号码，不要拿错行李。行李处附近一般都有行李手推车，取完行李之后前往海关检查。

| 常用英文 | |
| --- | --- |
| 中文 | 英文 |
| 行李领取处 | Baggage Claim |
| 行李寄存 | Left Baggage |
| 失物招领 | Lost Property |
| 我在何处取行李 | Where can I get my baggage |
| 这是我的行李票 | Here is my claim tag |
| 我找不到我的行李 | I can't find my baggage |
| 是否可麻烦紧急查询 | Could you please check it urgently |
| 找到行李后，请尽快送到我的酒店 | Please deliver the baggage to my hotel as soon as you've located it |

## ★ 出关之后先别走

出关后，如果时间充足，可以先到机场问询处或旅游服务处看看，获取免费的市区地图、城市信息、火车或公交车时刻表等。另外，在机场到达大厅有土耳其担保银行（Garanti Bank）的ATM（注明"Garanti"，带有四叶草标志），可以用银联卡在该ATM上取里拉现金。

## ★ 一招适应土耳其时间

土耳其时区位于格林尼治东二区（GMT+2），与中国时差为6小时。每年3月最后一个周日到10月的最后一个周日是土耳其的夏令时时间，与中国的时差变更为5小时，即比中国慢5小时。如果不刻意调整时差，你会发现自己比在国内的时候要早睡早起了。如果在国内有晚睡晚起的习惯，到了土耳其就能很快适应当地时间了。

**管家提示**

伊斯坦布尔机场的海关比较松，通关很快。如果有饮酒的习惯最好在机场免税店预先购买一些酒，土耳其东部地区买酒不容易。机场内有出售SIM卡、兑换货币、租车的柜台，可以在机场内办理好自己所需的各项事情，再出发前往酒店。

# NO.3 从机场前往市区

## 过来人经验谈

**小懒猫·女·慵懒才是旅行的真谛**

飞机到晚上 11 点多才降落在开塞利机场(超级小),我们在联系的酒店购买了红线游(100 里拉)和绿线游玩(110 里拉)之后,酒店可以免费接机,否则好像是 15 里拉一个人。开塞利到格雷梅小镇挺远的,坐着小面包大概要开一个多小时,一路上还是超级荒凉的地方,如果没车接机的话挺不方便的。

**墨染殇雪·男·爱生活,爱旅行**

我飞往卡帕多西亚的航班 7:40 降落在开塞利机场,跟酒店发邮件预订好到机场接机,一人 20 里拉即可。

**说书人·男·走过一片土地,爱上那一群人**

由于到达伊斯坦布尔的时间太晚了,第一晚决定在机场附近住,第二天再去老城区,当时订的酒店叫 Hotel Kuk,位置挺难找的。坐出租车过去,司机也找了好久,性价比一般。由于只是匆忙住一晚所以就凑合一下,如果航班是半夜到可以考虑订这边的酒店,酒店的早餐以及观景露台都还算可以。

### ★ 从阿塔图尔克国际机场前往市区

伊斯坦布尔的阿塔图尔克国际机场(Atatürk International Airport)又被称为欧洲机场,从中国飞往伊斯坦布尔的航班基本都降落在这个机场。

阿塔图尔克国际机场拥有现代化机场设施，是伊斯坦布尔的主要国际机场，因纪念土耳其共和国的缔造者和首任总统穆斯塔法·凯末尔·阿塔图尔克而得名。机场具体信息可登录 www.ataturkairport.com 查询或咨询机场电话 0212-6636400。

**tips**

阿塔图尔克国际机场官网：www.ataturkairport.com

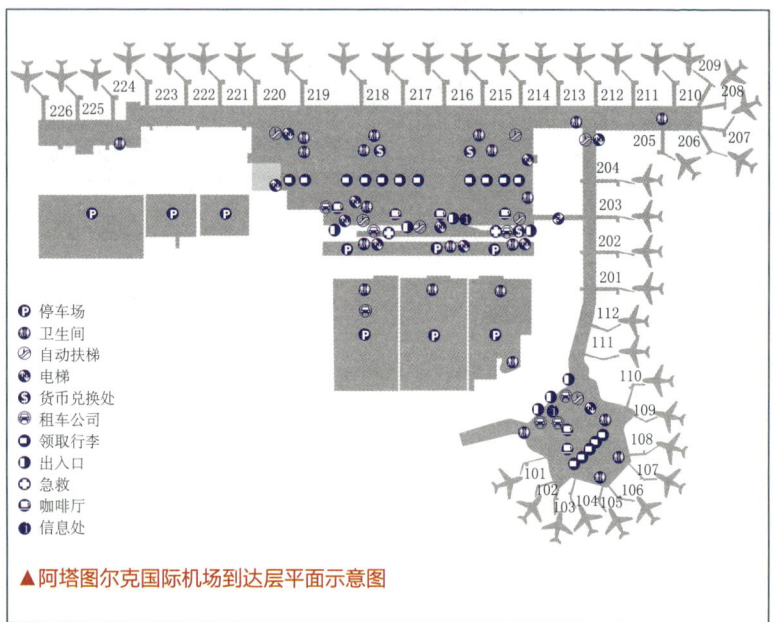

▲ 阿塔图尔克国际机场到达层平面示意图

图例：停车场、卫生间、自动扶梯、电梯、货币兑换处、租车公司、领取行李、出入口、急救、咖啡厅、信息处

### 乘坐机场巴士

从机场大厅出口处可直接搭乘 Havas 机场巴士前往伊斯坦布尔市中心，终点站是塔克西姆广场，车程 30 分钟左右。此外，还有开往阿克梅尔克兹的巴士。具体信息可在 www.havatas.com.tr 上查询。

### 乘坐出租车

机场出口随处可见黄色的出租车。从机场到老城区周边大约 30 里拉；到塔克西姆广场大约 40 里拉，车程 30 分钟左右。夜间车费会比白天多些。

### 乘坐地铁

机场航站楼的出口处，顺着地铁线 "Hafif Metro" 的指示牌下楼，搭乘地铁 M1 线直接到终点站 Aksaray，每隔几分钟便会有一班车发出。如果想去老城区需要转地面电车，不过也很方便。

## ★ 从萨比哈·格克琴国际机场前往市区

萨比哈·格克琴国际机场（Sabiha Gökçen International Airport）又被称为亚洲机场，是伊斯坦布尔的第二座国际机场，以该国出生的世界上第一位女性飞行员萨比哈·格克琴的名字命名。萨比哈·格克琴国际机场距离市区（老城区）约60千米，乘车约需1小时，白天还可能遇到堵车。相关的机场信息可登录www.sabihagokcen.aero 查询或咨询电话0216-5888000。

萨比哈·格克琴国际机场官网：www.sabihagokcen.aero

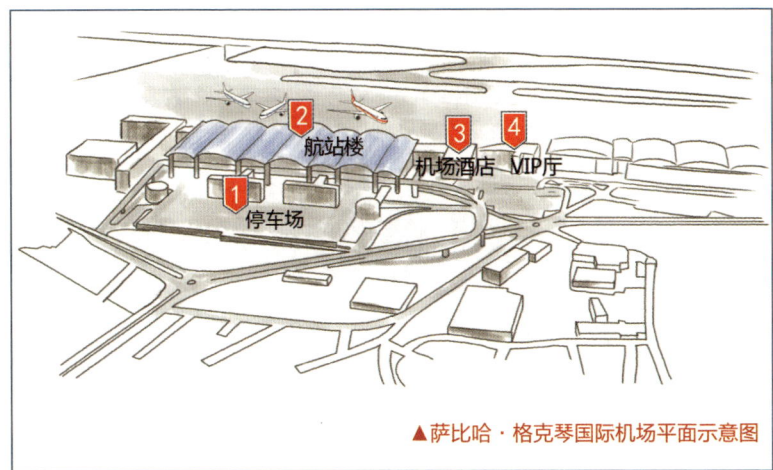

▲ 萨比哈·格克琴国际机场平面示意图

### 乘坐机场巴士

乘坐机场巴士到伊斯坦布尔亚洲区的Kadököy约需9里拉。到达Kadököy后，可坐渡轮到Eminönü或者Karaköy，然后乘坐电车到达市中心的苏丹艾哈迈德。

### 乘坐地铁

从萨比哈·格克琴国际机场先乘坐IETT公交车到Levent4地铁站，再换乘地铁到伊斯坦布尔市中心的塔克西姆广场。

## ★ 从安卡拉埃森博阿国际机场前往市区

安卡拉埃森博阿国际机场（Ankara Esenboga Airport, ESB）位于安卡拉市区东北约28千米处。飞往安卡拉的国际航班并不多，主要为土耳其航空（THY），从欧洲直飞安卡拉的航班有汉莎航空（Lufthansa）、澳大利亚航空（Austrian Airlines）和英航（British Airways）等。其他航班需要先降落在伊斯坦布尔，然后转机到安卡拉。从埃森博阿国际机场到安卡拉市区可乘坐巴士，票价10里拉；也可以坐442路公交车，经停站为Ulus、Kızılay、Aşti等，票价5.25里拉。更多的机场信息可在www.esenbogaairport.com网站上查询。

tips

安卡拉埃森博阿国际机场官网：www.esenbogaairport.com

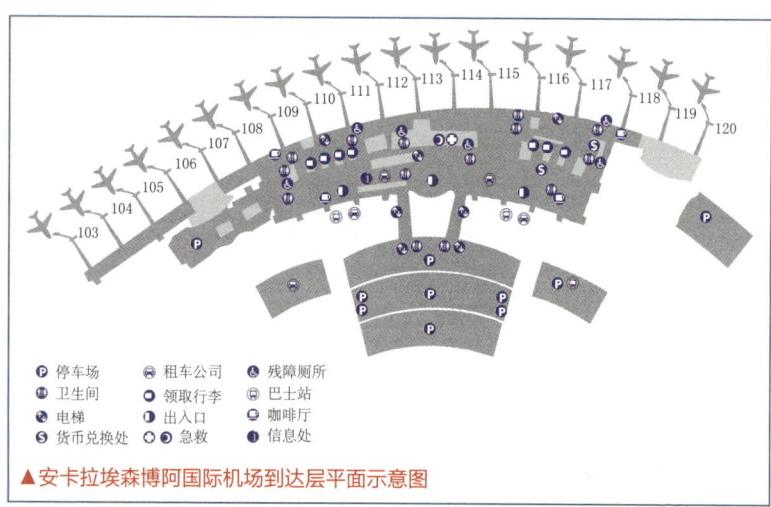

▲安卡拉埃森博阿国际机场到达层平面示意图

## ★ 从阿德南门德雷斯机场前往市区

伊兹密尔的阿德南门德雷斯机场（Iamier Adnan Dressel Airport）位于城市以南18千米处，每天有往返伊斯坦布尔、安卡拉和安塔利亚的航班，也有来自许多欧洲城市的定期航班。还有一些廉价航空公司，如Atlasjet、Izair、Onurair和Sunexpress也有航班往来于此。更多的机场信息可在www.adnanmenderesairport.com网站上查询。从机场前往市区可以乘坐机场巴士，这些巴士是按照飞机的起降时间运营的，所以不必担心是否有车可以乘坐。另外，从机场出来也有很多出租车可以乘坐。

tips

阿德南门德雷斯机场官网：www.adnanmenderesairport.com

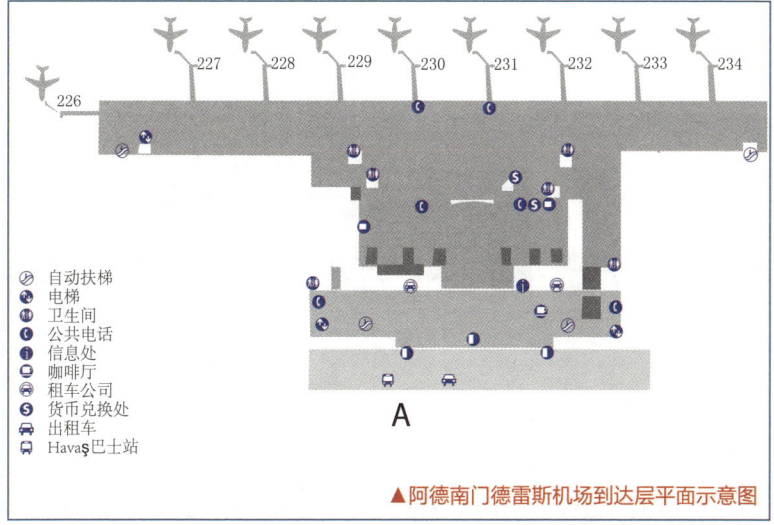

- 自动扶梯
- 电梯
- 卫生间
- 公共电话
- 信息处
- 咖啡厅
- 租车公司
- 货币兑换处
- 出租车
- Havaş巴士站

▲阿德南门德雷斯机场到达层平面示意图

## ★ 从卡帕多西亚机场前往格雷梅小镇

卡帕多西亚的周围有两个机场，一个是开塞利机场（NAV），另一个是内夫谢希尔机场（NAV），这两个机场每天都有航班往来于伊斯坦布尔和伊兹密尔。两个机场附近都没有公交车或机场巴士可到达格雷梅小镇，建议提前预订酒店或旅社，要求他们到机场接机。从开塞利机场乘接机的车到达格雷梅要1小时左右，从内夫谢希尔机场到达格雷梅要40分钟车程。

## ★ 提车自驾前往市区

很多租车公司都在机场出口设有柜台，帮助乘客完成租车手续，之后到机场的停车场提车就可以开车离开。也有一些租车公司会把门市部设在机场附近，出海关后依据"Rental Car"的标志就能找到免费穿梭巴士站，基本上每家租车公司都有穿梭巴士，可以送乘客到办理柜台。相对而言，Hertz或Avis公司的巴士数量较多。

**管家提示**

从伊斯坦布尔及安卡拉等大城市的机场前往市区的交通相对便捷，选择也较多。在机场按照指示牌或向工作人员咨询后，能很容易到达目的地。在开塞利、代尼兹利等较小的机场，前往市区的交通就没有那么容易了，特别是在机场周围有很多等着"宰客"的小巴车，可能会对游客漫天要价，在出发前最好预订好接机的车辆。

# NO.4 安全离境那些事

### 过来人经验谈

**朕是女汉子·女·时尚女青年**

从土耳其离境很简单，到机场取机票后直接办理行李托运，然后安检、候机、登机就行了。不过一定要提前到机场，伊斯坦布尔离境的人很多，每天都要排好长时间的队才能过安检。没有2个小时的时间，注定要误机的。

**说书人·男·走过一片土地，爱上那一群人**

从土耳其回国的时候，坐的俄航飞机，先是遇上飞机故障，在阿尔塔图机场延误了十几个小时，而俄航只提供了一份晚餐而已，也没有其他的任何赔偿。按照原来的航班，在莫斯科中转时间只有3小时，最后比原定计划晚了一天才回到中国。更惨的是，同行的小伙伴还买了回香港后当天下午飞往青岛的机票，1000多块钱就这样打水漂了。

### ★ 办理离境手续

在土耳其离境时，最好提前3个小时到达机场，以便留出足够的时间办理各项手续。到达机场后应当先归还租借的各类物品，然后前往值机手续柜台办理登机手续与行李托运。之后经过边防安检、海关等检查后，就可以前往候机大厅等候登机，这个时候可以逛一逛免税店。

## ★ 离境检查

从土耳其离境时，如果携带有需要申报的物品，一定要填写申报单，走申报通道。如果是在海关检查前提出来，可能被征收高额税费；如果不提出来被查出，后果很严重。海关会抽查非申报通道的游客行李，在被要求开箱检查时要积极配合。

## ★ 关于行李的规定

在土耳其游览的时候总会买些礼物，但是买礼物的时候也要小心，不要触及到"雷区"，这个"雷区"就是古物。千万不要购买古物（有100或200年以上历史的），包括古董地毯、钱币、圣像、彩砖瓦和陶器、油画、雕刻品、金属制品等。

土耳其法律禁止对此类古物进行买卖、持有或出口。在出境时，海关会进行严格的出境检查，一经查出，惩罚严厉，严重的会被判入狱。除了古物以外，海泡石原石也不能带出土耳其，同时在离开土耳其时携带不得超过1千克的土耳其红茶、土耳其咖啡以及香料。

**管家提示**

如何判断你所买的土耳其地毯是否是一件文物或古物？

如果你自己也不确定，建议带着你所买的毛毯去博物馆进行专业鉴定，并出具一份官方评估报告明确该物品是否可带出土耳其国境。当然每个买地毯的客人都去博物馆要求鉴定是不可能的，所以现在许多土耳其毛毯销售商店会有一份由博物馆提供的表格，能够证明你所买的这张毛毯并非古物，可以合法地进行买卖和携带出境。

# NO.5 专题：在土耳其如何乘公共交通工具

★ **在土耳其乘地铁**

土耳其的城市内部交通网十分密集，地铁和有轨电车交叉，四通八达。在伊斯坦布尔、安卡拉等大城市都有地铁和有轨电车运行，这也是当地人出行的主要交通工具。地铁和有轨电车在各站都会准时停车，报站很清晰。一般大型市场和主要旅游景点的站点都集中在地铁和有轨电车线上，因而游玩起来十分便捷。

伊斯坦布尔的地铁线路主要有M1（Yenikapı - Ataturk Airport）、M2（Yenikapı - Haciosman）、M3（Kirazli-Basaksehir-Olimpiyatkoy）、M4（Kadikoy-Kartal）等线路。其中M1从阿克萨赖出发，终点站是阿塔图尔克国际机场，途经Esenler长途巴士站、老城区，共12站，运营时间为6:15～24:00。M2从塔克西姆广场向北延伸，穿过市中心，运营时间为6:15～24:00。此外，F1（Taksim - Kabatas）线可以说是世界上最短的地铁线路，只有两站，全长0.6千米。

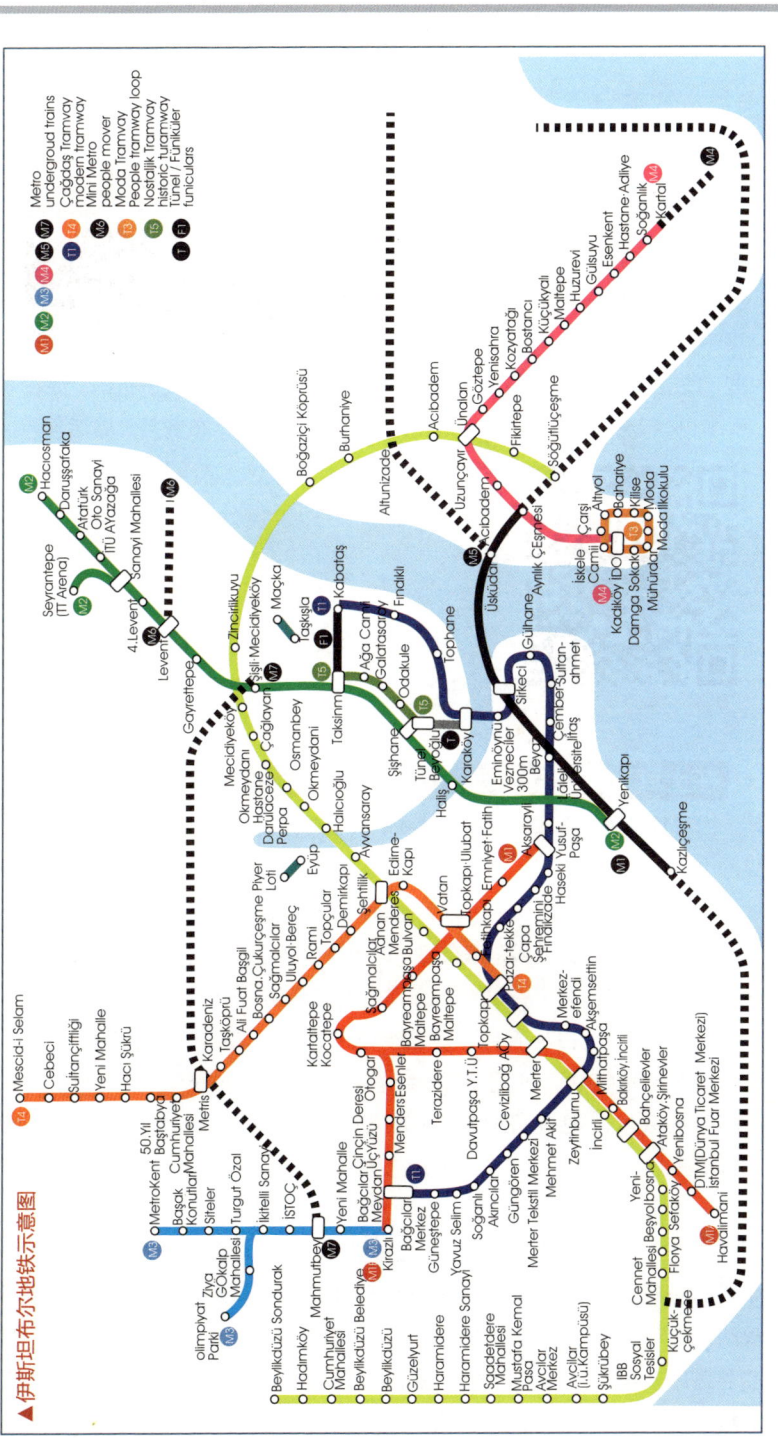

### tips

如果在伊斯坦布尔经常坐地铁，买张交通卡还是非常有必要的。交通卡可以多人同时使用，每次进入刷一下，不分里程，都是 2.4 里拉 / 次。交通卡在公交车、有轨电车、地铁和渡轮上都可以使用，票价会稍微便宜些，主要是方便。在地铁、轻轨等进站口旁都有买卡充值的机器。先在买卡机器上花 10 里拉买卡，里面会含有 4 里拉的乘车费用，然后到旁边的充值机器充值，建议一次不要充太多。

伊斯坦布尔 Ulasim 公司运营伊斯坦布尔地铁、轻轨、渡轮等，在该公司网站上可以查询伊斯坦布尔公共交通的相关信息。

伊斯坦布尔 Ulasim 公司官网：www.istanbul-ulasim.com.tr。

### ★ 在土耳其乘公交车

土耳其多数城市的公交车由独立的公交车公司运营，公交车的车辆有常见的大巴车，也有中巴和小巴车。一般中巴和小巴车牌上会写明前往的目的地，没有固定停车的站台，上车后提前和司机打好招呼即可。

伊斯坦布尔的公交线路遍布整个城市，是当地人最常选择的交通工具。在塔克西姆广场有几个主要的公交车站，公交车统一票价，但是需要提前购买，在车站附近的白亭子中可以买到。公交车包括公立和私人两种，公立公交车内不能使用手机，车身主要为红色和绿色，私人公交车车身为蓝色。

伊兹密尔市内有两种公交车在运行，车身上分别写有 ESHOT 和 IZLAS 的字样。可以使用 Kentkart 交通卡，也可以直接付钱给司机。

卡帕多西亚地区地势崎岖，交通方式以小巴为主，有些游客也会选择自驾来游览这一区域。由于景点分布比较松散，当地交通对自助旅行者而言是个不小的障碍。尤其是到了冬天，公交车的班次会明显减少。所以对于个别线路，如果时间很紧的话，在当地选择一日游不失为明智之举。镇内的主要交通为几辆小型公交车，有橙色线和蓝色线（车头颜色不同），橙色线主要穿梭于游客常到的地方，伸手即停，车票 1.5 里拉。

## ★ 在土耳其乘有轨电车

伊斯坦布尔市内共有4条有轨电车线路,即T1(Kabatas-Bagcilar)、T2(Kadikoy Moda)、T4(Topkapi-Habibler)及"小火车"(即复古有轨电车)。

T1是伊斯坦布尔市内的重要线路,老城区的主要景点全部在这条线沿线。在Yusufpaşa站可以转乘地铁M1线,前往机场;在Beyaıt-Kapalıçarşısı站下车,可以去大巴扎;在Çemberlitaş站下车,可去土耳其著名的土耳其浴场Çemberlitaş;在Sultanahmet站下车,可以游览蓝色清真寺、老皇宫、圣索菲亚大教堂等著名景点;在Eminönü站下车可以去看看香料市场或者到金角湾享用烤鱼大餐。

T2是亚洲区重要线路,途经亚洲区富有小资情调的区域。在Vatan站可以转乘地铁M1线,在Topkapi站可以转乘有轨电车T1线路。

T4穿梭于İstiklal步行街,连接塔克西姆广场和隧道Tünel,可在Vatan站转乘地铁M1线,在Topkapi站转乘有轨电车T1线路。

## ★ 在土耳其乘出租车

土耳其所有的城市都有大量的出租车,一般都呈黄色,头上顶着"Taksi"字样,因而很容易辨认。在一些偏僻区域或郊区运行的出租车可能没有计价器,因而在上车前最好先跟司机讲好价格,以免被宰。

在伊斯坦布尔打车很方便。出租车价格相比中国北京、上海等城市稍贵,起步价3.2里拉,之后每公里2里拉,等待时间每小时21里拉。黄色为正规出租车,有二厢、三厢,甚至还有可乘坐6~8人的中型出租车。夜间打车或行李、人数超出,需要加收10里拉。

伊兹密尔的出租车是按距离收费,起步价3里拉,之后每公里加收2.5里拉,夜间多加50%的费用,一般在路边的出租车候车站,或大酒店外面,比较容易招到出租车。

在安卡拉,正规出租车车牌有T标志,在安卡拉打车起步价3里拉,之后每公里2.65里拉,夜间行车与白天价格相当,无须给小费。

**tips**

1. 乘车时要选择副驾驶座位，以便观察计价器是否正常工作。

2. 乘坐出租车时，一定要确认好计价器是否已清零，否则有可能前面乘客的费用会加在你的费用里。

3. 上车之前最好询问清楚大概所需价格，感觉价格合理再上车，并且要求司机使用计价器。

4. 即使具体线路不清楚，也要事先知道目的地的大概方位，并随身携带地图。

5. 尽量乘坐年长司机开的车。

6. 如果遇到司机找麻烦，要大声求助。

## ★ 在土耳其乘船

土耳其的水路交通非常发达，开通了很多条观光航线。马尔马拉海的渡轮前往伊斯坦布尔周边城市非常方便，比陆路交通节省时间，而且还可欣赏到壮观的海景。可乘坐土耳其海运公司的沿岸观光航线，这些航线分别从伊斯坦布尔的加拉塔桥（Galata Bridge）、斯克西（Sirkeci）、艾敏厄努（Eminonu）出发，最好事先预订。另外，博斯普鲁斯海峡两岸也有对开航线。

| 土耳其热门轮渡航线 | |
|---|---|
| 出发点 | 到达点 |
| 埃斯基希萨尔（Eskihisar） | 托普苏拉（Topcular） |
| 恰纳卡莱（Canakkale） | 伊塞巴（Eceabat） |
| 莱普斯基（Lapseki） | 盖利博卢（Gelibolu） |
| 恰纳卡莱（Canakkale） | 郭克切达（Gokceada） |
| 尤克耶里（Yukteri） | 博兹加岛（Bozcaada） |
| 卡巴特区（Kabatepe） | 郭克切达（Golceada） |
| 伊斯坦布尔（Istanbul） | 伊兹密尔（Izmir） |
| 伊兹恩（Ezine） | 博兹加岛（Bozcaada） |
| 伊斯坦布尔（Istanbul） | 里泽（Rize） |
| 亚洛瓦（Yalova） | 耶尼卡皮（Yenikapi） |

| 土耳其热门短途班轮航线 ||
|---|---|
| 出发点 | 到达点 |
| 博斯坦斯（Bostanci） | 卡巴塔斯（Kabatas）、卡尔塔尔（Kartal）、卡拉科伊（Karakoy）、布郁克阿达岛（Buyukada Island）、耶尼卡皮（Yenikapi） |
| 卡的科伊（Kadikoy） | 巴克科伊（Bakirkoy）、艾敏厄努（Eminonu） |
| 卡尔塔尔（Kartal） | 亚洛瓦（Yalova） |
| 布郁克阿达岛（Buyukada Island） | 卡巴塔斯（Kabatas）（仅在夏季） |
| 伊斯坦布尔（Istanbul） | 艾维萨（Avsa）（仅在夏季） |
| 伊斯坦布尔（Istanbul） | 穆丹亚（Mudanya） |
| 伊斯坦布尔（Istanbul） | 班德尔玛（Bandirma） |

| 土耳其热门长途客轮航线 ||
|---|---|
| 出发点 | 到达点 |
| 卡拉科伊（Karakoy）（欧洲部分） | 黑达帕萨（Haydarpasa）（亚洲部分）、卡的科伊（Karakoy）（亚洲部分） |
| 斯克西（Sirkeci） | 海达帕萨（Haydarpasa）（亚洲部分） |
| 伊斯坦布尔（Istanbul） | 马尔马拉（Marmara）、艾维萨（Avsa）、卡拉毕加（Karabiga） |
| 艾维萨（Avsa） | 马尔马拉（Marmara）、埃尔德克（Erdel） |

**tips**

可在网站 www.ido.com.tr/en 上查询土耳其乘船相关信息，该网站也可以直接预订渡轮、客轮船票。

IDO 公司官网

# Part 3
## 境内预订，看这些就够

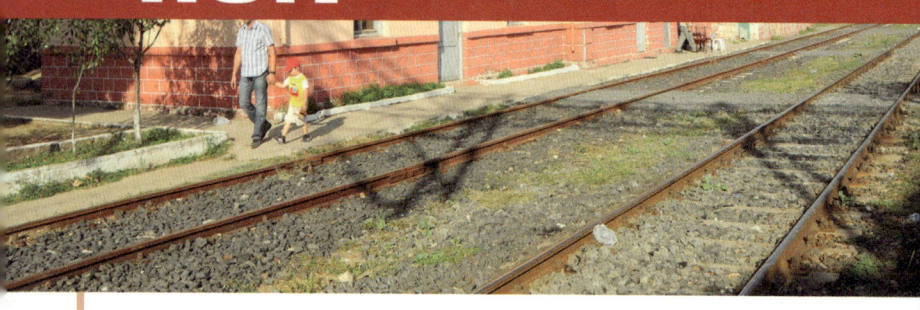

# NO.1 火车票预订

###  过来人经验谈

**Summer 冷·女·每座城市都有自己的温度**

在土耳其,坐火车不是哪里都能去的,但是速度没有传说中的那么慢。往返棉花堡(Pammukale)和塞尔丘克(Selcuk)之间可以选择坐火车,时间与大巴相同,都是3小时左右,票价只要十几里拉,很便宜。塞尔丘克也有到伊兹米特(Izmit)的火车,车程大概1小时,坐火车是从塞尔丘克去伊兹米特机场最好的方式。

### ★ 土耳其的热门火车线路

土耳其的铁路交通网络相对没有长途巴士完善,在不赶时间的情况下乘坐火车,能节省不少乘车费用。土耳其列车有简易卧铺车厢、普通卧铺车厢、餐车厢、休息车厢,提供一等及二等服务。伊斯坦布尔至安卡拉沿线开通了高铁,由土耳其国铁(TCDD)运行,乘坐高铁出行能节省很多时间。

**tips**

土耳其国铁(TCDD)官网:
www.tcdd.gov.tr

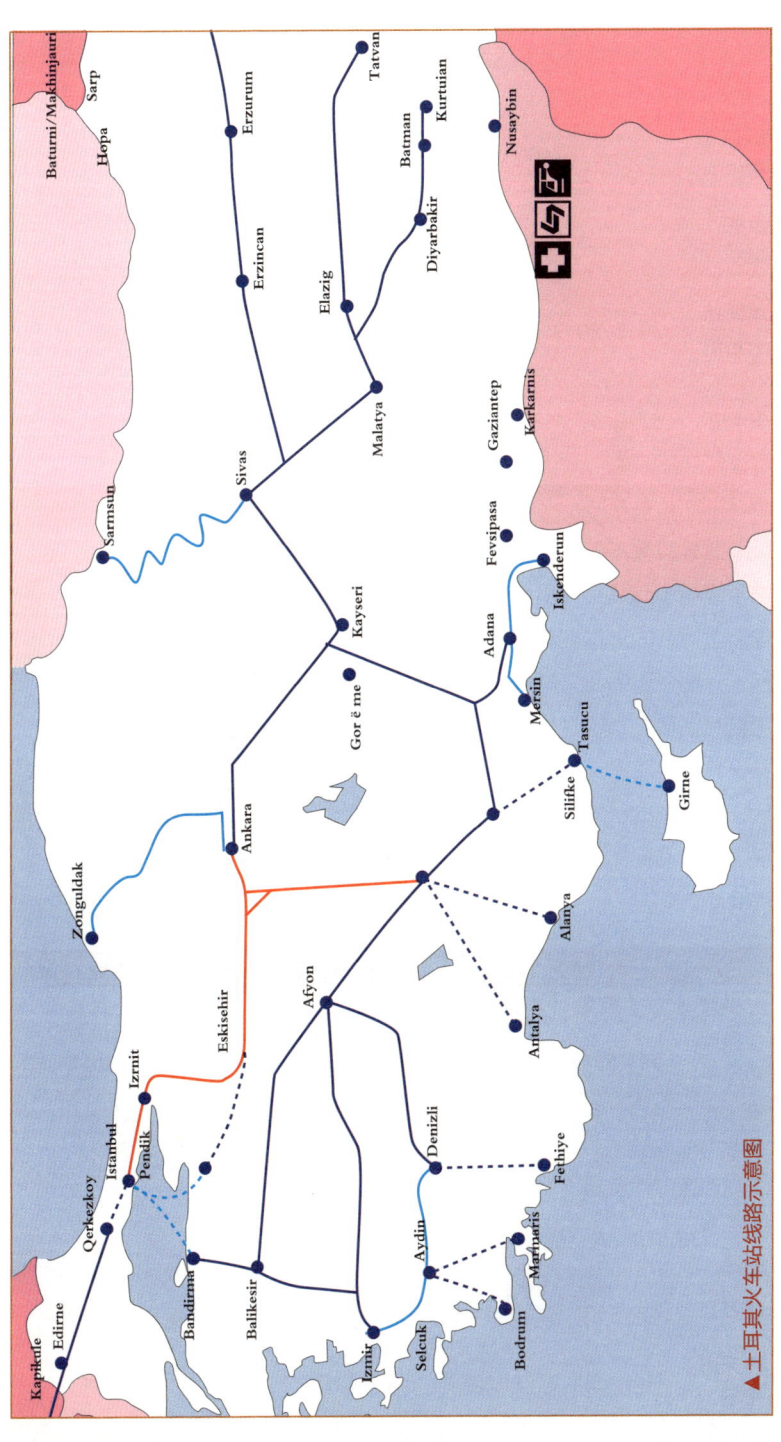

▲土耳其火车站线路示意图

## 伊斯坦布尔 ←→ 安卡拉火车信息

| 城市 | 发车时间 | | | | | | | | |
|---|---|---|---|---|---|---|---|---|---|
| 伊斯坦布尔 | – | – | 7:00 | 9:30 | – | 13:30 | – | 15:50 | – | 18:25 |
| 伊兹米特 | – | – | 7:48 | 10:18 | – | 14:18 | – | 16:38 | – | 19:13 |
| 埃斯基谢希尔 | 6:30 | 8:20 | 9:52 | 12:13 | 13:15 | 16:14 | 17:40 | 18:41 | 20:35 | 21:09 |
| 安卡拉 | 7:57 | 9:47 | 11:19 | 13:31 | 14:42 | 17:41 | 19:07 | 20:00 | 22:02 | 22:36 |

### ★ 熟知火车车次查询流程

如果时间不赶，可以尝试一下乘坐土耳其火车出行的乐趣。土耳其的火车票可提前在网上订购，但需要土耳其本国手机号注册会员，具体信息可在土耳其国铁官网 www.tcdd.gov.tr 上查询，网站为土耳其语，城市名称需要输入土耳其语才能查询。

## 土耳其热门城市外文名称

| 中文 | 英文 | 土耳其语 | 中文 | 英文 | 土耳其语 |
|---|---|---|---|---|---|
| 伊斯坦布尔 | Istanbul | İstanbul | 帕穆卡莱（棉花堡） | Pamukkale | Pamukkale |
| 安卡拉 | Ankara | Ankara | 代尼兹利 | Denizli | Denizli |
| 伊兹密尔 | Izmir | İzmir | 塞尔丘克 | Selcuk | Selçuk |
| 安塔利亚 | Antalya | Antalya | 恰纳卡莱 | Canakkale | Çanakkale |
| 卡帕多西亚 | Cappadocia | Kapadokya | 科尼亚 | Konya | Konya |
| 开塞利 | Kayseri | Kayseri | 埃斯基谢希尔 | Eskisehir | Eskişehir |
| 内夫谢希尔 | Nevsehir | Nevşehir | 伊兹米特 | Izmit | İzmit |

## 土耳其火车车次查询流程

**1** 打开 www.tcdd.gov.tr 网站

**2** 输入并选择城市

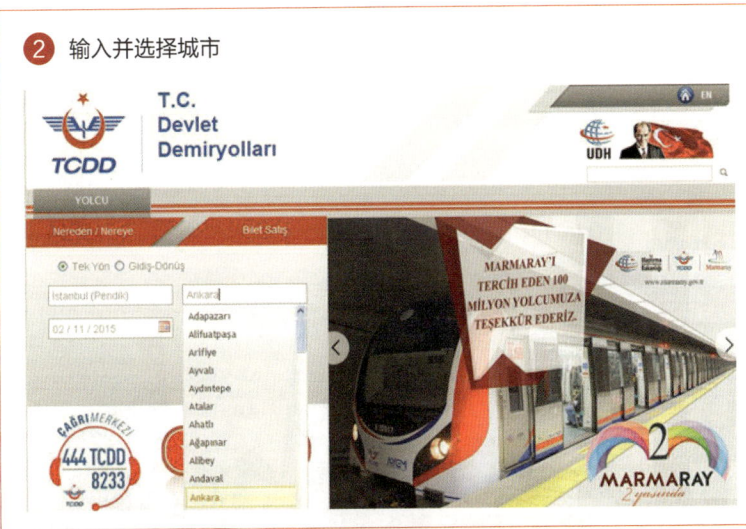

**3** 选择出行日期

### 4 可同时查询往返车票

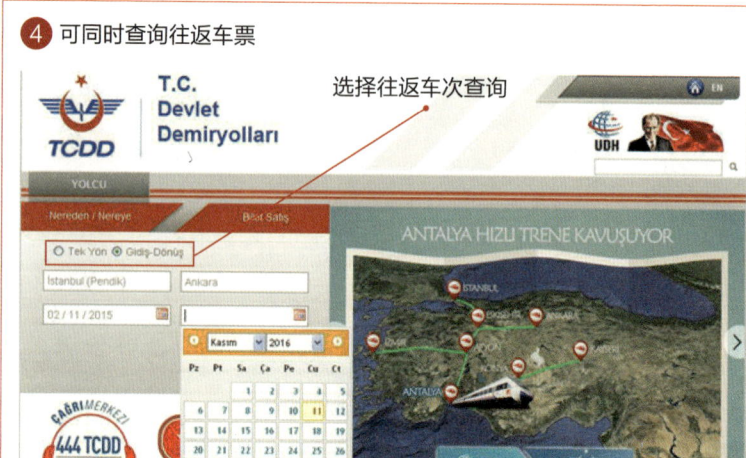

选择往返车次查询

### 5 点击查询相关信息

### 6 根据自身情况选择火车车次

| Biniş Saati | Varış Saati | Tren Adı | Vagon Tipi | Ücret |
|---|---|---|---|---|
| 07:00 | 11:19 | YHT: PENDİK-ANKARA | 2+2 Pulman (Ekonomi)(53) | 70 TL |
| 09:30 | 13:31 | YHT: PENDİK-ANKARA | 2+2 Pulman (Ekonomi)(151) | 70 TL |
| 13:30 | 17:41 | YHT: PENDİK-ANKARA | 2+2 Pulman (Ekonomi)(7) | 70 TL |
| 15:50 | 20:00 | YHT: PENDİK-ANKARA | 2+2 Pulman (Ekonomi)(19) | 70 TL |
| 18:25 | 22:36 | YHT: PENDİK-ANKARA | 2+2 Pulman (Ekonomi)(19) | 70 TL |

02/11/2015 Tarihli Gidiş Seferleri
İstanbul (Pendik) → Ankara
Yüksek Hızlı Tren Seferleri(YHT)

## ★ 掌握火车站位置

伊斯坦布尔主要有 2 个火车站：锡尔凯吉火车站（Sirkeci Gari）和海达尔帕夏火车站（Haydarpasa Gari）。锡尔凯吉车站是通往欧洲的国际列车发车站，主要有前往德国慕尼黑、奥地利维也纳及希腊雅典的伊斯坦布尔快车（Istanbul Express），每天发车，是热门的火车路线。

伊斯坦布尔的亚洲车站海达尔帕夏火车站（Haydarpasa Gari）是前往中部安纳托利亚各城市的发车站，但是现在这个火车站已经关闭。所有从伊斯坦布尔前往中部安纳托利亚各个城市的列车将在新的正在建设中的火车站出发，由于新的火车站正在建设中，所以从伊斯坦布尔出发至中部安纳托利亚城市的线路暂时关闭。

伊兹密尔有两个火车站：Basmane 火车站位于城市中心，是城市间列车的主要始发站，同时也是伊兹密尔的主要铁路枢纽。Alsancak 火车站位于城市北部，汇集了主要的通勤线路，塞尔丘克的火车站位于市中心。塞尔丘克位于伊兹密尔到代尼兹利的线路上，乘火车非常方便。

安卡拉火车站位于 Kızılay 广场，也是公交车集结地。卡帕多西亚的开塞利有火车通达于此，从安卡拉、伊斯坦布尔等城市都可以搭乘火车到达卡帕多西亚区域。

### 管家提示

土耳其的高铁正在建设当中，几乎每年都会新开通高铁线路，乘坐火车游览土耳其也越来越方便。不过由于土耳其的火车站大多老旧，经常会翻修，在火车站翻修期间，偶尔会关闭从该火车站通行的列车，打算乘坐火车游览土耳其，最好提前在土耳其国铁路官网上查询目的地城市的铁路线是否开通。

# NO.2 巴士票预订

### 过来人经验谈

**朕是女汉子·女·时尚女青年**

土耳其长途巴士网络非常发达,几十家大巴公司竞争得十分激烈。我们坐了大大小小七八种大巴,上座率都没有超过一半,所以完全不用担心买不上票的问题。如果对座位位置没有要求,可以到了车站再买票,当然要提前问好或查好发车时间。在土耳其大巴官网 www.neredennereye.com/bus-ticket 可以查时间,但是我们试着用国内招行银行卡买票却没有成功。这个问题不大,反正现场购票也很方便。

**Summer冷·女·每座城市都有自己的温度**

在格雷梅的第一天,导游小哥就带我们去格雷梅小镇的汽车站订了票,其实汽车站离我们住的地方走路就5分钟。格雷梅小镇很小。当时我最喜欢的Metro公司的车已经满了,就订了K家的车,晚上10点钟开车,早上7点钟到安塔利亚巴士站。这是第一次坐夜巴,下车以后觉得没有想象中那么可怕。由于那天早上起得早,先坐热气球,又玩了红线,所以超级累,一上车就昏昏沉沉睡着了。巴士中途停了3次,可以上厕所,或是吃东西。坐了9个小时的夜巴,终于在第二天清晨迎着熹微晨光到达安塔利亚。

**黛尽青丝·女·吃是旅行最重要的组成部分**

土耳其的巴士公司太多了,我们在安卡拉的巴士站都惊呆了,长长的柜台,繁忙的场景,有各种见过或者没见过的名字,最常见的有Metro、Nevşehir、Suha、Pamukkale。我们是逆时针游玩,原以为车票很难买,其实一路买票都还挺好买,根本没必要非要指定坐哪家公司的。大公司的车内环境都差不多,免费发吃的,每几个小时休息一次,车内有电视屏幕,有的有Wi-Fi,几乎都大同小异。要说唯一的区别大概就是发什么食品吧,有的发的次数频繁,有的发的食品简单。

## ★ 畅行土耳其的巴士

土耳其的长途巴士非常发达,网路多而密,新型车多,有冷气且禁烟,部分公司的大巴上还有免费Wi-Fi,非常舒服。长途巴士还有很多夜班车次。由于竞争激烈,通常汽车上的服务特别好,还免费提供矿泉水、水果、小饼干等。土耳其大多数城市的长途巴士站(Otogar)位于城郊,从市中心至车站有微型汽车往来,所以非常方便。车票可在市内的汽车公司柜台购买,除旺季外均可当天购买。

## ★ 掌握长途巴士站位置

土耳其各长途巴士站多在城郊,称为Otogar。巴士站内的搭乘位置、号码、前往地点都标示得很清楚,而且站内还有邮政局、租车柜台、旅行社、商店、咖啡馆及服务中心等。

▲土耳其长途巴士站点示意图

伊斯坦布尔城郊有两个长途巴士站:一个是伊斯坦布尔国际长途巴士站(Esenler Otogar),位于市中心以西10千米处;另一个是Harem汽车站(Harem Otogar)。有很多线路,可以随时买票上车前往土耳其的任何一座城市。

恰纳卡莱的长途巴士站位于市中心东边,但大部分长途巴士直接驶入汽车站旁边的港口,在那里有长途巴士公司的办事处。

安卡拉有两家市内巴士公司，一家是安卡拉市运营的 EGO 标志的巴士，还有一家是民营的巴士。两家的票价一样，不同的是乘坐前者需要提前购票，而民营巴士可以在车上买票。

伊兹密尔的主要长途巴士站是 Otogar 长途巴士站，汽车公司在 Basmane 火车站附近都有售票点。需要注意的是，这里的厕所是收费的，最好准备零钱。

塞尔丘克的长途巴士站位于阿塔图尔克大街和 Sahabettin Dede cd 的交叉路口，有长途巴士往返于伊兹密尔和博德鲁姆。

帕穆卡莱的长途巴士站位于村口，有很多去往土耳其其他城市的长途巴士。因为帕穆卡莱只是一座小型的长途巴士站，所以大部分车需要在代尼兹利转乘。游客可乘坐专门从帕穆卡莱到代尼兹利的汽车，代尼兹利有到伊斯坦布尔、安卡拉、塞尔丘克、伊兹密尔等地大部分旅游景点的班车。

格雷梅的长途巴士站位于格雷梅小镇的中心，从格雷梅长途巴士站能买到去卡帕多西亚其他地区的车票。从格雷梅坐长途巴士到开塞利机场 1.5 ~ 2 小时。

## ★ 图解巴士票预订流程

土耳其有大大小小几十家长途巴士公司，能够提前预订车票的公司有十几家，但基本上都是土耳其语或是英语网站，另外还需要 VISA 或万事达卡支付车费。

| 土耳其热门巴士预订网站 | |
| --- | --- |
| 名称 | 网站 |
| Nevsehir 巴士公司 | www.nevsehirlilerseyahat.com.tr |
| Metro 巴士公司 | www.metroturizm.com.tr |
| Safran 巴士公司 | www.safranturizm.com |
| ULUSOY 公司 | www.ulusoy.com.tr |
| 棉花堡巴士公司 | www.pamukkale.com.tr |
| Suha 巴士公司 | www.suhaturizm.com.tr |
| Cepyol 巴士公司 | www.cepyol.com/kamilkoc |
| VARAN 巴士公司 | www.varan.com.tr |
| OtoBus 公司 | www.otobusfirmalari.com.tr |
| Nereden Nereye 公司 | www.neredennereye.com |

## 巴士预订流程

### 1 选择城市、时间

### 2 根据价格、时间等选择适合自己的车次

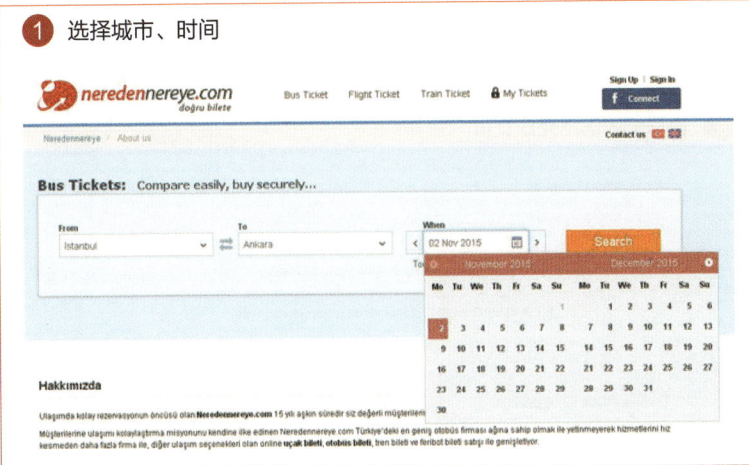

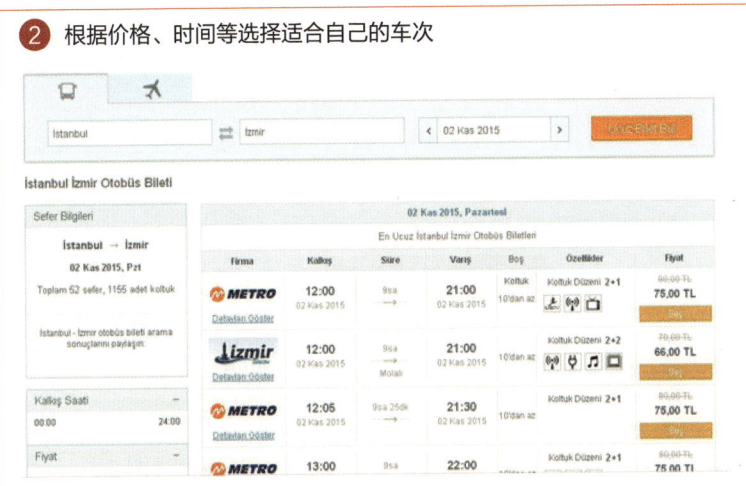

③ 选择座位

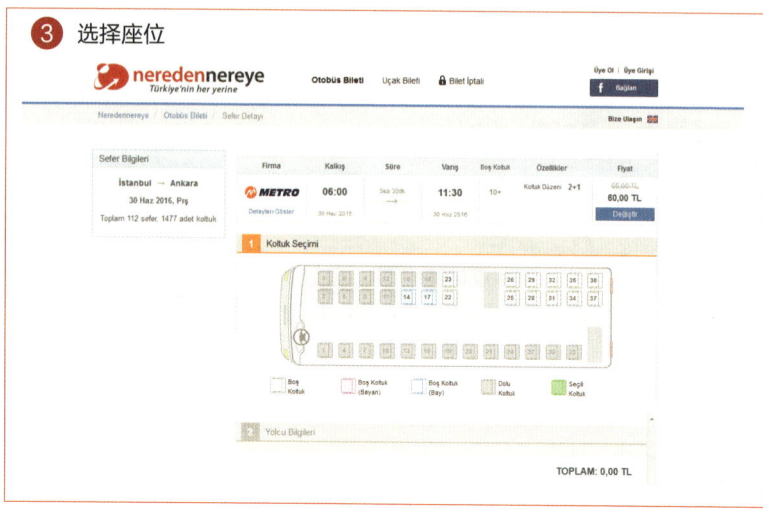

④ 填写个人信息完成支付

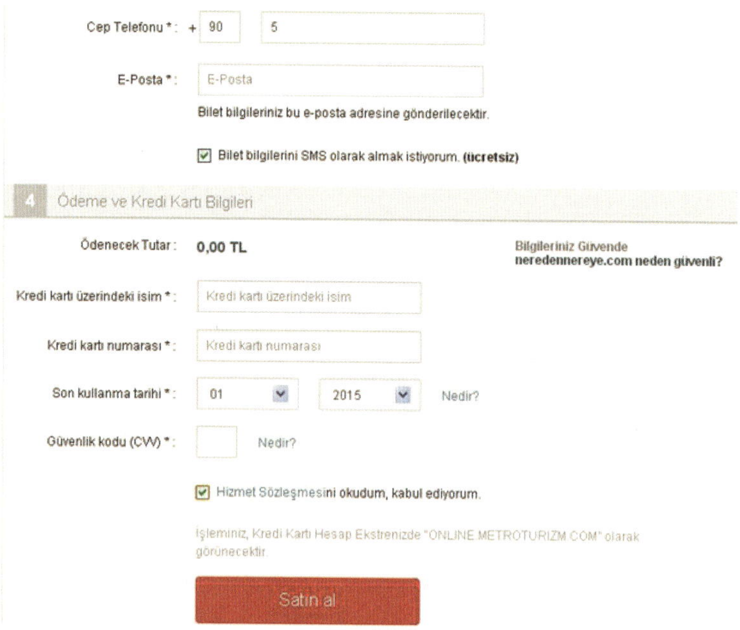

**管家提示**

土耳其的长途巴士运营能力非常强大，所以基本不用担心买不到车票的问题。如果实在担心，可以在抵达目的地后直接购买离开的巴士车票。

# NO.3 门票预订

 **Summer 冷 · 女 · 每座城市都有自己的温度**

在贵特希耶出海的船上碰到一位中国姑娘，她给我们介绍了土耳其全国通用的博物馆通票，听了之后觉得非常划算，不过我们的行程已经接近尾声已经不需要了。那个姑娘不会土耳其语，但是居然在土耳其旅游官网的土耳其语页面上看到了这张卡，可我上这个官网转到英语页面就我不到了，后来在伊斯坦布尔卖通票的地方一问果然有。也许他们推出这张卡是不希望外国游客使用吧，不过只要问，就可以买。这张卡不仅包括伊斯坦布尔通票涵盖的博物馆，还包括卡帕多西亚的露天博物馆等很多博物馆，特别省钱。

## ★ 省时省钱的优惠票/卡

**博物馆通票**

伊斯坦布尔有博物馆通票（Museum Pass），此卡从 72 小时到 15 天有效期均有，价格有 20 里拉、40 里拉、60 里拉、85 里拉、105 里拉等多种选择。可在土耳其博物馆官网 www.muze.gov.tr/tr/muzekart 购买。参观博物馆时凭此卡无须排队，参观景点为圣索菲亚大教堂、托普卡帕宫、托普卡帕宫后宫、柯拉教堂（Kariye Muze）、伊斯坦布尔考古博物馆、土耳其和伊斯兰博物馆等（每处参观一次）。凭此卡在以上博物馆购买纪念品可打 9 折。

▲伊斯坦布尔博物馆通票类型

## ★ 预订门票的靠谱网站

土耳其的热门景点很多，不想排队买票的话，可以提前到景点官网预订门票。

| 土耳其热门景点官网 | |
| --- | --- |
| 名称 | 网址 |
| 圣索菲亚大教堂 | www.ayasofyamuzesi.gov.tr |
| 托普卡帕皇宫 | topkapisarayi.gov.tr |
| 蓝色清真寺 | sultanahmetcami.org |
| 伊斯坦布尔考古博物馆 | istanbularkeoloji.gov.tr |

**管家提示**

如果不懂土耳其语，不会在网上购买博物馆通票，可以到了土耳其后再购买。在圣索菲亚大教堂的门口，有专门出售博物馆通票的售货车，车身上有"Museum Pass"的字样。

土耳其博物馆官网：www.muze.gov.tr/tr/muzekart。

# NO.4 机票预订

### 过来人经验谈

**朕是女汉子·女·时尚女青年**

土耳其国内的主要交通方式是大巴和飞机，因为之前看驴友帖子说坐夜巴睡不着觉，所以我们就定为飞机。土耳其国内的土耳其航空和土耳其飞马航空的机票都非常便宜，我们在土耳其飞了4趟，人均不到1000元人民币，但前提是，你一定要有一张VISA或者万事达的卡。

### ★ 常见的土耳其廉价航空公司

土耳其的空运较发达，国际、国内航线都很多，土耳其国内航空公司主要有土耳其航空和飞马航空，相比之下飞马航空的价格更为便宜一些，但土耳其航空的航班更多一些，选择也多一些。游客在土耳其境内乘坐飞机可便捷地飞往土耳其各大城市，既方便快捷又节省时间，可直接向航空公司或旅行社购买土耳其国内线的机票。除了土耳其航空以外，还有当地的其他航空公司可以选择乘坐，如Onurair、Atlasjet等。

PART 3 境内预订，看这些就够

| 土耳其常用的廉价航空公司 ||
|---|---|
| 名称 | 网址 |
| 土耳其航空 | www.turkishairlines.com |
| 飞马航空 | www.flypgs.com/en |
| Onurair 航空 | www.onurair.com |
| Atlasjet 航空 | www.atlasglb.com |

## ★ 图解土耳其境内机票预订流程

### 网站机票预订流程

① 以 Atlasjet 航空为例，登录其官网 www.atlasglb.com

② 在"Flight"下填写出发地和目的地以及往返日期等信息

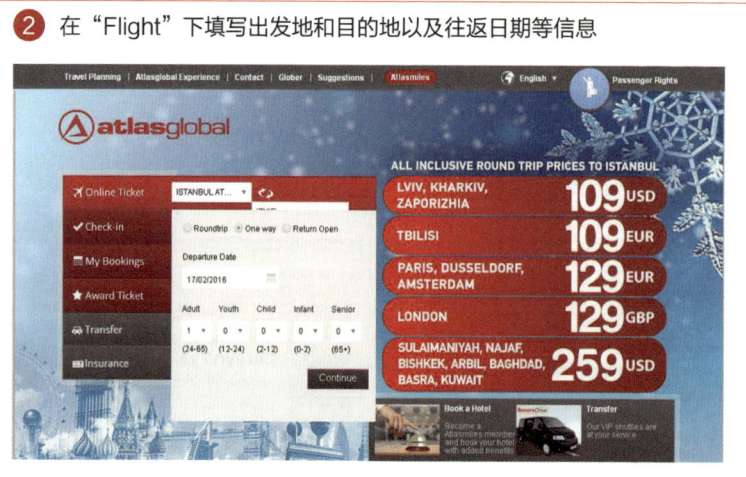

❸ 选择航班，点击"Continue"进入下一步

**ISTANBUL ATATURK** (ISTANBUL) **- IZMIR** (IZMIR)

| 14 February Sunday | 15 February Monday | 16 February Tuesday | 17 February Wednesday | 18 February Thursday | 19 February Friday | 20 February Saturday |
|---|---|---|---|---|---|---|
| 44TL | 44TL | 44TL | 44TL | 44TL | 44TL | 44TL |

**17 February 2016 Wednesday**　　　　　　　　　　　ekonomi**plus**

| Departure Time | Arrival Time | From | To | Flight No | Special Offers | Standart | Business |
|---|---|---|---|---|---|---|---|
| 07:00 | 07:55 | ISTANBUL ATATURK (ISTANBUL) | IZMIR (IZMIR) | KK20 | ○ 43.64TL | ○ 82.64TL | ○ 242.64TL |
| 10:10 | 11:10 | ISTANBUL ATATURK (ISTANBUL) | IZMIR (IZMIR) | KK22 | ○ 43.64TL | ○ 92.64TL | ○ 242.64TL |
| 17:30 | 18:30 | ISTANBUL ATATURK (ISTANBUL) | IZMIR (IZMIR) | KK26 | ○ 43.64TL | ○ 82.64TL | ○ 242.64TL |
| 21:35 | 22:30 | ISTANBUL ATATURK (ISTANBUL) | IZMIR (IZMIR) | KK28 | ○ 43.64TL | ○ 92.64TL | ○ 242.64TL |

Continue　　Infant (0-2)　0 ▼

❹ 按要求填写乘机人信息，点击"Continue"进入下一步

**1. Passenger**

atlasmiles　Click here to log in with Atlasmiles membership

| | | | |
|---|---|---|---|
| Name : * | ZHANGSAN | Surname : * | SAK |
| Birthdate : * | 18/03/1980 | Gender : * | Male ▼ |
| Mobile Phone : * | + 90  5XX  XXXXXXX | E-Mail : * | 55555@DW.com |
| Passenger Type : * | Adult ▼ | Discount Code : | |
| T.C. Identity : | | | |

Continue

**Note :**
It is required to fill in the name-surname, birthdate for all the passengers and the telephone number, email adress of the first passenger.

**❺ 确定航班信息，完成支付**

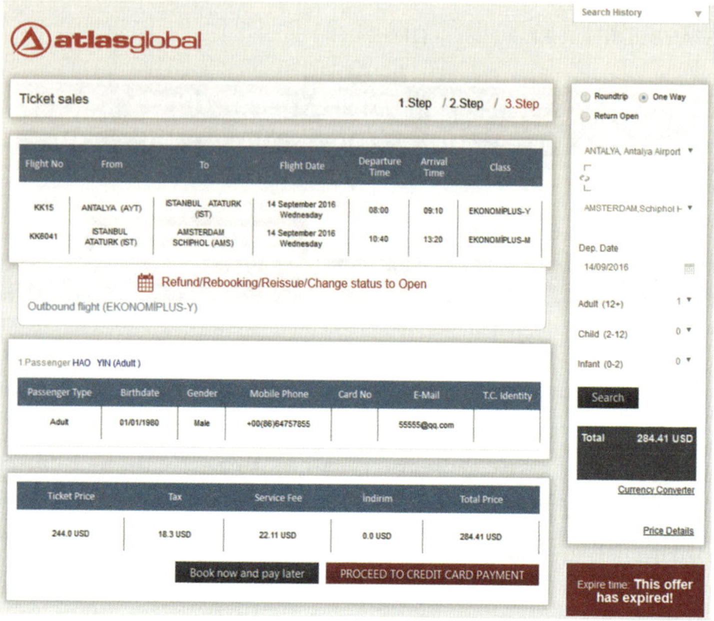

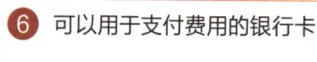

**❻ 可以用于支付费用的银行卡**

### 管家提示

土耳其热门城市的机场前往市区的交通都比较方便，但是在开塞利等较小的机场前往周边的城市并不是那么方便。可以在出发前在网站上预订机场大巴，方便自己从机场前往市区。

**土耳其机场大巴官网**

土耳其机场大巴官网：www.havas.net/en/

# NO.5 热气球预订

> 过来人经验谈

**朕是女汉子·女·时尚女青年**

我们早上3点半就起床了，凌晨4点的日出超级美。在等热气球的房间，看到好多中国人。

**Summer 冷·女·每座城市都有自己的温度**

选择热气球公司的时候一定要选大公司，价格不能太低，这样才有安全保障。我们本来想首选 Royal，但是 Royal 特别火爆，每天看日出的那一批起码要提前两周才能预订，所以后来到酒店选择了 Kapadokya 公司，该公司和 Royal、Butterfly 为土耳其的三大热气球公司，我们订的是每人 150 欧元的，直接找酒店老板订的。

**黛尽青丝·女·吃是旅行最重要的组成部分**

兴冲冲地去卡帕多西亚乘热气球，但是由于风大，两天都没能如愿起飞，想飞在空中看卡帕多西亚的梦想彻底破灭。虽然预订之后因天气原因没能起飞不收一分钱，但是没能坐成热气球，很沮丧。

**墨染殇雪·男·爱生活，爱旅行**

在开塞利机场等接机的时候，有一个自称 Travel Agency 的人过来推销红绿线游和乘热气球飞行，他说蝴蝶（Butterfly）公司 145 欧元，然后红绿线游也便宜几十里拉。我觉得这不太靠谱，如果是 Butterfly 公司当天预订肯定是没有位置的，不知道他会不会带你到其他杂牌的公司去。我提前订的蝴蝶公司的，付现 165 欧元，刷卡 175 欧元，可以换成里拉付，好像当时是 480 里拉。

PART 3 境内预订，看这些就够

**说书人·男·走过一片土地，爱上那一群人**

乘坐热气球便宜一点的公司也有120欧元左右的，不过为了安全与体验起见还是选择最大牌的（Butterfly、Royal 和 Kapadokya 都不错），注意前面没有 air，有 air 的是其他公司。

## ★ 土耳其热气球公司

土耳其的热气球很有名，一般都是到卡帕多西亚的格雷梅小镇乘坐热气球。格雷梅小镇上有十几家热气球公司，美宜佳酒店、旅行社都可以帮忙预订乘坐热气球，也可以出发前在热气球公司官网上预订。比较大型、热门的公司及日出那一批的热气球飞行十分抢手，最好提前预订。

| 热门的土耳其热气球公司 | | | | |
|---|---|---|---|---|
| 公司 | 网站 | 邮箱 | 价格 | 准载人数 |
| 皇家热气球（Royal Balloon） | www.royalballoon.com | royal@royalballoon.com | 175欧元，含保险 | 12~16人 |
| 卡帕多西亚热气球（Kapadokya Balloons） | www.kapadokyaballoons.com | fly@kapadokyaballoons.com | 175欧元，含保险 | 12~24人 |
| 蝴蝶热气球（Butterfly alloons） | www.butterflyballoons.com | fly@butterflyballoons.com | 130~175欧元，含保险 | 8~16人 |
| 格雷梅热气球（Goreme Balloons） | www.goremeballoons.com | info@goremeballoons.com | 130~175欧元，含保险 | 12~16人 |

**tips**

皇家热气球（Royal Balloon）官网：www.royalballoon.com

卡帕多西亚热气球（Kapadokya Balloons）官网：www.kapadokyaballoons.com

蝴蝶热气球（Butterfly Balloons）官网：www.butterflyballoons.com

格雷梅热气球（Goreme Balloons）官网：www.goremeballoons.com

## ★ 图解热气球预订流程

### 土耳其热气球预订流程

**①** 以蝴蝶热气球公司为例，打开其官网 www.butterflyballoons.com

**②** 将首页往下拉，选择热气球类型，点击"BOOK NOW"

③ 填写个人信息，姓名、电话、邮箱为必填项，如果是多人乘坐则需要将每个人的姓名都填写到"Names of all passengers"一栏，填写完成后点击"SEND BOOKING"

④ 提交成功，等待邮件回复。收到邮件后，点击链接打开，填写银行卡信息，并不实际支付费用。在乘坐热气球当天在该公司的办公室刷卡或是现金支付费用

## ★ 惊险刺激的滑翔伞

在土耳其的费特希耶乘坐滑翔伞欣赏死海风景的项目十分有名，有不少到土耳其旅游的游客会专程前往费特希耶体验滑翔伞的飞行。由于滑翔伞是一对一的飞行，比起热气球来更加刺激，几年来也成为了不少游客到土耳其的必玩项目。费特希耶知名的滑翔伞公司有Gravity、Reaction、SKY Sports和Hector，价格一般为每人200里拉，偶尔会有170里拉左右的优惠价格。另外，飞行员会给你拍很多照片，飞行结束后可以根据自己的需要挑选照片和视频，但照片和视频需要另外付费。

### 费特希耶热门滑翔伞公司

| 名称 | 网站 | 邮箱 |
| --- | --- | --- |
| Gravity | www.flygravity.com | salahizeki@hotmail.com |
| Reaction | www.reaction.com.tr/zh（中文） | info@reaction.com.tr |
| SKY Sports | skysports-turkey.com/zh（中文） | info@skysports-turkey.com |
| Hector | www.hectorparagliding.com | hector@hectorparagliding.com |
| Escape Adventures | escape.com.tr | info@escape.com.tr |

### tips

风力是影响滑翔伞飞行的主要原因，因此飞行地的山顶会有观测站，有专业的人在观测。去的时候都是先候在半山腰，然后等待观测中心说可以飞行，才能真正飞行。玩这项运动时，飞前2小时别吃太多东西，以防呕吐。因为盘旋降落时，会有悬坠感。

### 管家提示

乘坐土耳其热气球的价格基本都在175欧元（1小时）、250欧元（1.5小时）左右，支付现金会有10欧元左右的折扣。部分公司会推出一些优惠活动，低价时候也会有140欧元左右的价格。但是乘坐热气球是一项有一定危险性的项目，所以要尽可能选择大型、正规的公司，如果有的热气球公司价格过低（如100欧元），可能会存在安全隐患或其他欺诈行为，千万不要选择。

# Part 4
## 吃出正宗土耳其味道

# NO.1 土耳其有什么好吃的

### 过来人经验谈

**小懒猫·女·慵懒才是旅行的真谛**

在土耳其,面包等于饭,会在餐前上,可以免费加。部分餐厅也会有米饭,但米饭的量很少,食量大的男生还是啃面包好了。餐前还会免费上一些用于解馋开胃的腌酸辣椒、腌洋葱、蔬菜沙拉等。

**朕是女汉子·女·时尚女青年**

世界三大美食之一的土耳其美食,我有点不能接受。这边最好吃的当属冰激凌,软冰激凌口感极好而且品种又多,应该是我吃过的最好吃的冰激凌。但是正餐以饼食为主。调料很少,基本就是盐。最受不了的是土耳其的酸奶是咸的。当然也有我觉得还可以的食品,就是各种肉吧。肉还行,不算特别难吃,但是有些牛肉有股羊膻味儿,所以我一直点鸡肉。

**Summer 冷·女·每座城市都有自己的温度**

土耳其的早餐有洋葱圈,吃不习惯。黄瓜和番茄已经成为我的主食,和火腿肠搭配,也算美味。虽然没有太美味,起码这里的食材都非常天然新鲜,土耳其的牛奶我每天都去买,喝着十分纯正。每天还会买一个冰激凌,土耳其的冰激凌我不得不推荐,真的很美味。

**墨染殇雪·男·爱生活,爱旅行**

伊兹密尔给我的印象是很不错的,沿海大城市,还有大巴扎可以逛。不过在伊兹密尔品尝的土耳其咖啡,真的好苦。是用现磨的咖啡粉直接冲的,之前基本没见过如此豪迈的咖啡做法。

说书人·男·走过一片土地，爱上那一群人

在卡帕多西亚坐完热气球之后回到酒店吃早餐，酒店专门为我们做了一种像蛋卷一样甜甜的、洋溢着芝士香味的食物，特别好吃，可是忘记问叫什么名字了，后来再也没有遇见过了。

## ★ 平常都爱吃这些

土耳其美食被称为世界三大美食之一，土耳其料理融合了中亚、中东与地中海特色。这里的新鲜食材所具有的鲜美味道是一般佳肴无法企及的，用这些食材制作出的料理种类繁多：有美味多汁的烤肉系列，有色香味俱全的汤菜系列，有种类繁多的凉菜，以及各种肉料理和鱼料理。还有五彩斑斓的土耳其冰激凌、糕点，以及浓郁醇香的咖啡等。

### 土耳其烤肉

土耳其烤肉起源于曾经的土耳其帝国宫廷烤肉宴会，后流传至民间，是土耳其极负盛名的美食。土耳其烤肉利用10余种调料对牛、羊、鸡等肉类进行浸泡腌制后，采用旋转式烤肉机，以电为能源，微波穿透辐射为原理烤制而成。烤熟了的肉用一把锋利的长条刀一片一片削下来，夹在饼里或是放在米饭上，再浇上特制的番茄汁和橄榄油便可食用。在土耳其的大街小巷中到处弥漫着烤肉的香味，每个当地餐馆也大多会提供特色的烤肉。

### 芝麻面包圈

芝麻面包圈（Simit）是土耳其常见的小吃，面包圈刚烤出来时非常香，让人闻到这味道就想大饱口福。街上经常会见到头顶着一大筐芝麻面包圈的小贩，这也是土耳其的一大特色。

### 土耳其冰激凌

土耳其冰激凌（Dondurma）被称为是世界上最坚韧、最有嚼劲的冰激凌。这种冰激凌奶香浓郁，味道甜美，而且小贩高超的叫卖技艺也是土耳其冰激凌的一大亮点。

### 土耳其软糖

土耳其软糖（Lokum）是非常有名的土耳其特产，无论在商店还是在巴扎的摊子上都会看到包装精美的软糖。这种软糖甜而不腻，吃起来柔软有弹性，有些软糖会添些干果在里面，如我们常见的开心果、核桃等，口味很丰富，其中肉桂和薄荷味较为普遍。

### 土耳其红茶

土耳其是世界上很有名的产茶大国，土耳其红茶（Siyah Cay）逐渐被人们所熟知。这种红茶所用的茶壶和煮法非常讲究，好的红茶一般会呈琥珀色并且口味浓淡适中。你不妨亲自体验一下这种煮茶的乐趣。

### 派德

派德是一种面饼，是土耳其人的主食，跟山东大饼一样嚼劲十足。在各种餐馆和小吃街中都可以品尝到。

### 茄子烤肉串

茄子烤肉串（Patlıcan kebabi）是土耳其的传统小吃，在街头巷尾十分常见。制作肉串首先要将肉放入调料里浸泡一段时间，然后再将肉与茄子交替穿插成串一起烤，最后配合着面包、奶酪一起吃。

## ★ 具有清真地方特色

### 安卡拉烤全羊

安卡拉作为土耳其首都，美食是必不可少的，其中最为出名的是安卡拉烤全羊。烤全羊是土耳其人招待贵宾的特色菜，他们将一只小羊羔的空肚子里塞满大米饭后在火上烤，米饭里面放了许多葡萄干、杏仁、松子等。烤熟的羊羔味道非常鲜美，羊肉又香又嫩。羊肚中的米饭就像中国的八宝饭，不过是咸味的。

### 瓦罐牛肉

瓦罐牛肉是将西红柿、牛肉、青椒等各种食材捣碎混在一起，放进瓦罐炖煮，炖熟后倒出来混着米饭吃，味道不错，可能西红柿会有点酸。

**管家提示**

土耳其美食以肉类为主，搭配蔬菜与奶酪、酸奶等食物，与中国的饮食习惯不太相同。初到土耳其最好不要吃太多酸奶或奶酪，以免引起肠胃不适。

# NO.2 餐馆分布早知道

### 过来人经验谈

 **小懒猫·女·慵懒才是旅行的真谛**

在 Iskender kebap 吃的鸡肉,价格 13 里拉,味道很不错,并且是很大一份,是我在土耳其吃的性价比最高的一次。餐前的面包是必上的,也是免费的,进土耳其的餐馆,只要你吃饭,不管吃什么都上一盆面包。有些人直接点份汤,搭配免费的面包吃,只付汤钱就可以。

 **黛尽青丝·女·吃是旅行最重要的组成部分**

安塔利亚作为地中海沿海城市,满大街都是海鲜餐厅。我们在老城区一家餐馆吃的,味美价廉,环境很有情调,可惜忘了叫什么名字。这顿是我们去土耳其 11 天吃到的最满意的一餐了。

 **说书人·男·走过一片土地,爱上那一群人**

在安塔利亚老城区,吃了来到土耳其的第一顿洋快餐——汉堡王,价格比在上海要稍微便宜一点,可乐是超大杯的。后来在老城区的纪念品商店买了茶和软糖,很便宜,但是很难吃。有时间还是应该去香料市场买,那里的软糖和红茶比较正宗。

 **凡夫俗子·男·老骥伏枥,志在千里。烈士暮年,壮心不已**

在卡帕多西亚去了一间很有情调的岩洞餐馆(Pumpkin Restaurant & Art Gallery),那里有漂亮的葫芦灯,每一道菜都非常好吃,老板很贴心地送了小礼物,啤酒还免单。不过坐在室外用餐虽能看到美丽的风景,也确实感到了寒冷。

**PART 4** 吃出正宗土耳其味道

## ★ 土耳其餐馆主要类型

土耳其餐厅除了特别高档的以外，其他都差不太多。大城市的餐馆比小城市的餐馆要贵，景点周围的餐馆比其他地方的餐馆也要贵一些。

## ★ 热门城市餐馆资讯

**伊斯坦布尔**

伊斯坦布尔作为土耳其最大的城市，可谓是土耳其美食集中地。伊斯坦布尔将土耳其美食囊括于此，无论是高档餐厅还是平民餐厅，总会让你有意想不到的美食收获。

| \multicolumn{3}{c}{伊斯坦布尔本土餐馆推荐} |||
|---|---|---|
| 名称 | 特色 | 资讯 |
| 哈姆迪餐厅（Hamdi Restaurant） | 距离埃及巴扎很近，以土耳其烤肉为主 | 地址：Rustem Pasa Mh., Kalcin Sk Fatih, Istanbul<br>电话：0212-5280390<br>网址：www.hamdirestorant.com.tr |
| 哈吉巴巴（Haci Baba） | 位于塔克西姆广场附近，店里的土耳其烤肉和土耳其羊肉汉堡味道不错 | 地址：EvliyaÇelebi, İstiklal Cd.No:49, 34440 Beyoğlu/İstanbul<br>电话：0212-2441886 |
| Doy-Doy Restaurant | 烤肉、炖菜价格很便宜，夏天在屋顶露台上可以看到蓝色清真寺和马尔马拉海 | 地址：Sifa Hamami Sok, Istanbul<br>电话：0212-5171588<br>网址：www.doydoy-restaurant.com |
| Rumeli Cafe Restaurant | 位于苏丹阿赫麦特景区附近，有很多的沙拉和羔羊肉菜 | 地址：Alemdar Mh., Ticarethane Sk, Fatih, Istanbul<br>电话：0212-5120008 |
| Karakoyum Cafe | 主营土耳其家常菜，是当地有名的家常菜馆之一 | 地址：Kemankes Karamustafa Pasa Mh., IETT Karakoy Durag, Istanbul<br>电话：0212-2446808 |
| Adem Baba Restaurant | 海鲜风味餐馆 | 地址：Arnavutkoy Mh., Sats Meydan Sk, Istanbul<br>电话：0212-2632933 |
| Iskele Restaurant | 海鲜风味餐馆 | 地址：Saryer, Yahya Kemal Cd, Istanbul<br>电话：0212-2632997 |
| Banyan Restaurant | 亚洲风味餐馆 | 地址：Muallim Naci Cad.Salhane Sok Ortakoy, Istanbul<br>电话：0212-599060 |
| Mezzaluna | 意大利风味餐馆 | 地址：Harbiye Mh., Mim Kemal oke Cd, Istanbul |

## 安卡拉

安卡拉有很多好吃又便宜的餐厅，能品尝到颇具特色的美味佳肴。在安卡拉不仅可以吃到新鲜的鱼类菜肴，而且羊肉也很不错，吃起来没有刺鼻的膻味，不油腻。另外，有的餐厅如果你不知道菜品名称，可以亲自到厨房里挑选你想要点的菜品。

| 安卡拉本土餐馆推荐 | | |
|---|---|---|
| 名称 | 特色 | 资讯 |
| 曾格帕夏府邸（Zenger Pasa Kongi） | 位于安卡拉城堡附近，提供传统的土耳其美食 | 地址：Kale Mh., Ankara<br>电话：0312-3117070 |
| Ege Restaurant | 爱琴海风格的主题餐厅，提供的特色美食是鱼类菜肴 | 地址：Tunal Hilmi Cad.buklum Sk, Kavakldere, Ankara<br>电话：0312-4282717 |
| Washington Restaurant | 这是一家国际餐厅，主要菜品是土耳其特色烤肉和美味的西餐 | 地址：Doyran SK, Ankara Province<br>电话：0312-3114344<br>网址：www.washingtonrestaurant.com.tr |
| Beyzade Ocakbasi | 安卡拉特色餐厅，价格很便宜 | 地址：Kavaklidere Mh., Ankara<br>电话：0312-4190969<br>网址：www.beyzadeocakbasi.com |
| Mezzaluna | 提供安卡拉当地美食 | 地址：Gaziosmanpasa Mh., Ankara<br>电话：0312-4675818<br>网址：www.mezzaluna.com.tr |
| Cin Seddi Restaurant | 餐厅环境很好，有不错的海鲜料理 | 地址：Asagi Ovecler Mh., Sokak Ankara<br>电话：0312-4429353<br>网址：www.cinseddi.com.tr |
| Adana Sofrasi | 比较传统的土耳其风格餐厅 | 地址：Yildizevler Mh., Ankara<br>电话：0312-4422900<br>网址：www.adanasofrasi.com.tr |
| Yeni Ciftlik Restaurant | 有正宗的各类烤肉 | 地址：Gazi Mh., Ankara<br>电话：0312-2110532<br>网址：www.yeniciftlikrestaurant.com |

## 伊兹密尔

伊兹密尔的街头遍布餐厅、咖啡厅等，提供各式各样土耳其美食和国际菜肴。伊兹密尔街头的小餐馆很适合和朋友在一起吃吃饭、聊聊天。

## 伊兹密尔本土餐馆推荐

| 名称 | 地址 | 电话 | 网址 |
|---|---|---|---|
| Gumus Balik Restaurant | Ataturk Cad.kordon, Pasaport, Izmir | 0232-4833747 | www.musbalik.com |
| Deniz Restaurant | Kultur Mh., Ataturk Cd, Smirne | 0232-4644499 | www.denizrestaurant.com.tr |
| Asci Balik Restaurant | Bostanli Mh., Cemal Gursel Cd, Karşıyaka, Izmir | 0232-3366635 | www.fon.com.tr |
| Domino's Pizza Pasaport | Cumhuriyet Bulv. yildirim is Merkezi Pasaport, Izmir | 0232-4412000 | www.pasaportpizza.com |
| fish and steak house | Ataturk cad.birinci Kordon, Izmir | 0232-4631020 | www.fishandsteakhouse.com |
| Wing Stop | Forum Bornova Avm Kazım Dirik Mah, Bornova, Izmir | 0232-3882555 | www.pizzastop.com |
| Sardunaki Restaurant | Karsiyaka, Cemal Gursel Cd, Izmir | 0232-3237272 | www.sardunaki.com |
| Medari Girit | Akin Simav Mh., Mit hatpasa Cd, Izmir | 0232-4464886 | www.medarigirit.com |
| Bogazici Restaurant | Uckuyular Vapur Iskelesi Ustu, Izmir | 0232-2788888 | www.bogazicirestaurant.com.tr |

**卡帕多西亚**

　　卡帕多西亚的餐馆都很有特色，大多建在洞穴内或山坡顶端，能够欣赏到周围的景色。餐馆的美食也很丰富，尤其是陶壶烤肉很受游客的欢迎，用餐时再配上当地著名的葡萄酒，相当有情调。

## 卡帕多西亚本土餐馆推荐

| 名称 | 地址 | 电话 | 网址 |
|---|---|---|---|
| Bizim Ev Restaurant | Avanos, Nevsehir | 0384-5115525 | www.bizim-ev.com |
| Pizza 7 | Bahcelievler Mh., Nevsehir | 0384-2130907 | www.pizzapizza.com.tr |
| Kale Konak | Eskili Mh., Kale Sk, Nevsehir | 0384-2192828 | www.kalekonak.com |
| Lykialodge Restaurant | Atatürk Blv (Göreme-Uçhisar Yolu), Nevşehir Merkez | 0384-2139945 | www.lykiagroup.com |

续表

| 名称 | 地址 | 电话 | 网址 |
|---|---|---|---|
| Bizim Ev Restaurant | Avanos，Nevsehir Province | 0384-5115525 | www.bizim-ev.com |
| Evranos Restaurant | Orta Mah. No:88 | 0384-5113750 | www.evranos.net |
| Elai Restaurant | Tekelli Mahallesi Goreme Cad. 61 Uchisar | 0384-2193181 | www.elaicappadocia.com |

## 安塔利亚

安塔利亚的餐馆价格都很便宜，菜肴种类极其丰富。在这里可以吃到新鲜的海鲜和各种美味沙拉。

| 安塔利亚本土餐馆推荐 | | | |
|---|---|---|---|
| 名称 | 地址 | 电话 | 网址 |
| Vanilla Lounge | Hesapci Sokak Hesapci Street，Kaleici，Antalya | 0242-2476013 | www.vanillaantalya.com |
| Seraser Fine Dining Restaurant | Karanlık Sok. No:18，Antalya | 0242-2476015 | www.seraserrestaurant.com |
| Ship Inn By Melisas Restaurant | Meltem Mh.，Dumlupınar Blv，Antalya | 0242-2385235 | www.shipinn.com.tr |
| Sisci Ramazan'in Yeri | kizilsaray Mh.，Muratpasa，Antalya | 0242-2426637 | www.sisciramazan.com |
| 01 Guneyliler | Toros，07985 Konyaaltı/Antalya | 0242-2295801 | www.01guneyliler.com.tr |
| Piyazci Ahmet | Altindag Mh.，Muratpaşa，Antalya | 0242-2433447 | www.piyazciahmet.com |
| Sultanyar Kebapcisi | Sirinyali Mh.，Muratpasa，Antalya | 0242-3238863 | www.sultanyar.com.tr |
| Konyalilar Restaurant | Kepez，Namik Kemal Blv，Antalya | 0242-3453898 | www.konyalilar.com |

## 费特希耶

费特希耶当地最出名的美食就是鱼类，有很多种做法，再加上爱琴海和地中海地区的香草和蔬菜、调味料等，鱼的味道更是独具一格。在费特希耶的传统美食中，经常会采用当地生长的香草和野生山珍作为烹饪食材，喜欢传统美食的不妨找找这类餐馆，品尝一下当地的特色美味。

## 费特希耶本土餐馆推荐

| 名称 | 地址 | 电话 | 网址 |
| --- | --- | --- | --- |
| Yacht Roof Restaurant | Fevzi Cakmak Cd，Fethiye | 0252-7686717 | www.yachtrestaurantturkey.com |
| pasa kebap | Cumhuriyet Mh.，Carsi Cd，Fethiye | 0252-6149807 | www.pasakebap.com |
| Montana Pine Restaurant | Ovacik Mevkii，Fethiye | 0252-6167108 | www.montanapine.com |
| Hilmi Seafood Restaurant | Cumhuriyet Mahallesi，Balik Hali，Fethiye | 0532-3343500 | www.hilmi.com.tr |
| Yengec Restaurant | Molla Hasan Cd.，48300 Fethiye | 0252-6128383 | www.yengecrestaurant.com.tr |
| Paradise Garden | Belceğiz Mh.，48300 Fethiye | 0252-6170545 | www.paradisegardenhotel.com |
| Hotel Pine Valley Restaurant | Hisarönü Mh.，48340 Fethiye | 0252-6167813 | www.hotelpinevalley.com |

## ★ 寻找土耳其的中餐馆

在土耳其，华人集中的地方都有中餐馆，虽然很多中餐馆的菜品已经根据土耳其人的饮食习惯作出了改变，但是能在异国他乡品尝中国菜，也算是难得的体验。

## 伊斯坦布尔中餐馆推荐

| 名称 | 地址 | 电话 | 网址 |
| --- | --- | --- | --- |
| Shang Palace | Hayrettin İskelesi Sk.，34353，Turkey | 0212-2758888 | shangri-la.com |
| P.F. Chang's | Etiler，Nispetiye Cad. No:94，Beşiktaş/İstanbul | 0212-3586060 | pfchangs.com.tr |
| Dragon Restaurant | Uzun Yali Cad.No:8，İstanbul | 0212-2316200 | dragonrestaurant.com.tr |
| Rudolf Restaurant | No:，Kemankeş Karamustafa Paşa，Kemeraltı Cd. No:10，34425 İstanbul | 0212-7033325 | rudolfkarakoy.com.tr |
| New asian restaurant | Bab-I Ali Cad. Catal Cesme Sok no1/A Cagaloglu，Istanbul 34000，Turkey | 0212-5286670 | — |
| akka Bistro | Tımarcı Sk. No:4，34160，Turkey | 0212-2526292 | — |

| 安卡拉中餐馆推荐 | | | |
|---|---|---|---|
| 名称 | 地址 | 电话 | 网址 |
| Quick China | Ugur Mumcu Caddesi, Ugur Mumcu'nun Sokagl 64/b \| GOP, Ankara, Turkey | 0312-4370303 | www.quickchina.com.tr |
| Sushico Ankara GOP | Arjantin Cad. Attar Sok. No:10 Gaziosmanpasa, Ankara, Turkey | 0312-4262526 | www.sushico.com.tr |
| Zodiac pub | Kavaklidere Mah. Tunus Cad. 17/B Cankaya/Ankara, Ankara, Turkey | 0312-4199208 | — |
| Guangzhou Wuyang | Bestekar Sok. No:88/A \| Kavaklidere, Cankaya, Ankara, Turkey | 0312-4276150 | — |
| Nirvana Chinese & Indian Restaurant | Mutlukent Mah.1961.Cad. No:8 \| Umitkoy, Cankaya, Ankara 06810, Turkey | 0312-2358384 | — |
| Sushico | Kudus Caddesi, Panora AVM, Ankara, Turkey | — | — |

| 伊兹密尔中餐馆推荐 | | | |
|---|---|---|---|
| 名称 | 地址 | 电话 | 网址 |
| Red Dragon Chinese Restaurant | 1379. Sok. Efes Is Hani No:57/A \| Alsancak, Konak, Izmir, Turkey | 0232-4830079 | reddragon.com.tr |
| Chickinn | Marmaris Bulv. No:16, Muğla Merkez/Muğla, Turkey | 0232-2120565 | chickinn.com |
| Dragon Cıty Chinese Restaurant | Cemal Gursel Caddesi Ksk Ya 100 Metre Lion Club Bitisigi, Izmir, Turkey | 0232-3696937 | — |
| China Town | Ataturk cad No384/c \| Gümbet Taksi Yani, Izmir, Turkey | 0232-4456343 | — |

**管家提示**

土耳其的餐馆多集中在城市中心，基本上都以当地特色美食为主。中餐馆的中餐大多经过了改良，吃起来会和国内的中餐差别很大，如果吃不惯土耳其菜，可以少吃牛羊肉、奶酪制品，多吃一些清淡的蔬菜、水果，搭配面包即可。

# NO.3 像当地人一样用餐

###  过来人经验谈

 **小懒猫·女·慵懒才是旅行的真谛**

在安塔利亚的超市买酸奶,一盒酸奶真的好大,可以完全盖过我的脸。土耳其人好高大,我觉得我在那边显得好娇小。

 **Summer冷·女·每座城市都有自己的温度**

在土耳其最开心的时候就是吃早餐了,虽然和国内一样也是自助式的,但是选择性超多,几乎什么都有,看起来好看,吃起来好吃。不过那些奇奇怪怪的酱料是要自己去加的,不加或是只加一些盐、番茄酱,也十分美味。

 **黛尽青丝·女·吃是旅行最重要的组成部分**

在土耳其看到当地人十分钟爱咸味的酸奶,便试了一口,差点吐出来。看来土耳其人跟我们的饮食差异还真不是一般的大。

### ★ 土耳其人一日三餐吃什么

土耳其美食讲究的是原味,即使再好的调味料也只是配角,不能盖过主食的味道。土耳其的早餐很讲究,必备的食物是奶酪、果酱、面包,在早餐桌上我们还可以看到橄榄、西瓜、西红柿之类的水果。土耳其人的午餐一般选择比较简单的炖菜、沙拉和汤等,不会做太麻烦的菜。而晚餐,则是这一天当中最丰盛的,通常都会精心准备,除了汤和主菜以外还有美味的甜点,土耳其人对甜点的喜爱超乎一般人的想象。土耳其人也会吃夜宵,虽然只是一些开胃的小菜再加上水果和坚果,总的来说土耳其人对于吃这一方面还是很会享受的。

## ★ 达人教你看菜单

土耳其餐馆的菜单一般分为沙拉、汤羹、肉类料理或鱼类料理、炖煮菜肴、甜点等。现在多数旅游城市的餐馆都会在菜单上印上菜肴的图片，可以作为点菜的依据。或者可以根据自己的印象点菜，实在不行，也可以靠"手语"或是简单的英语单词点菜。

## ★ 不可不知的用餐注意事项

在就餐时一定要懂得谦让，不可贪吃；在喝饮料时不可以碰杯；吃多少买多少，切忌挥霍浪费。

1. 坐下就餐时，应马上将餐巾铺在大腿前部。

2. 不要把胳臂肘放在餐桌上，也不要一只手拿叉子，另一只手握杯子。

3. 别张着嘴嚼东西，嚼东西时别出声。嘴巴里塞满食物时别说话；用手遮着嘴说话也不行，要把嘴里的东西都咽下去之后再说话；不能大声喧哗。

4. 不要越过别人的盘子去取东西。

5. 如果叉子、餐巾或者其他餐具掉到地上，不必去捡起来。如果把掉东西捡起来，要直接递给服务员，并说声"很抱歉"，然后站起来去洗手，回来后再继续用餐。

6. 吃完饭以后，不要将没用过的餐具放在盘子上或托盘里，把它放在原地。

7. 当服务员作自我介绍时，要尽量记住他的名字。在整个就餐过程中，当你需要和他沟通的时候，要尽可能地称呼他的名字。

8. 用餐完毕后，把应该清理的东西收拾干净。无论在何处，都不能随手丢垃圾。

**管家提示**

在土耳其用餐的时候，一般会提供很多种酱料，如果不确定自己是否喜欢，就先取一点试一试，以免因不合胃口而浪费。另外，土耳其的果酱分量很大，而且能够清楚看到果酱里的果肉，如果喜欢吃果酱可以尽情享受。

# NO.4 结账方式的选择

## 过来人经验谈

**黛尽青丝·女·吃是旅行最重要的组成部分**

在土耳其餐馆吃完饭结账很简单，最大的差别就是有些高档餐馆需要付小费，看账单的时候注意有没有把小费计算进去，如果已经包含在账单里，就无须另外支付小费了。

### ★ 结账方式的选择

一般的餐厅是在顾客用餐完毕后侍者递上账单，可以直接用现金支付。如果使用信用卡支付，侍者会先拿走账单和卡，刷卡后退回信用卡以及要求顾客签字的账单。这个账单上有要求顾客手写的小费金额以及小费和消费的总金额，然后签字生效。顾客可以在小费金额栏里填上相应的数字，也可以把这个区域划掉，只签实际消费额，并以现金方式支付小费（夹在账本里或者留在餐桌上）。签了单就可以起身走了，不用等服务员回来取单。

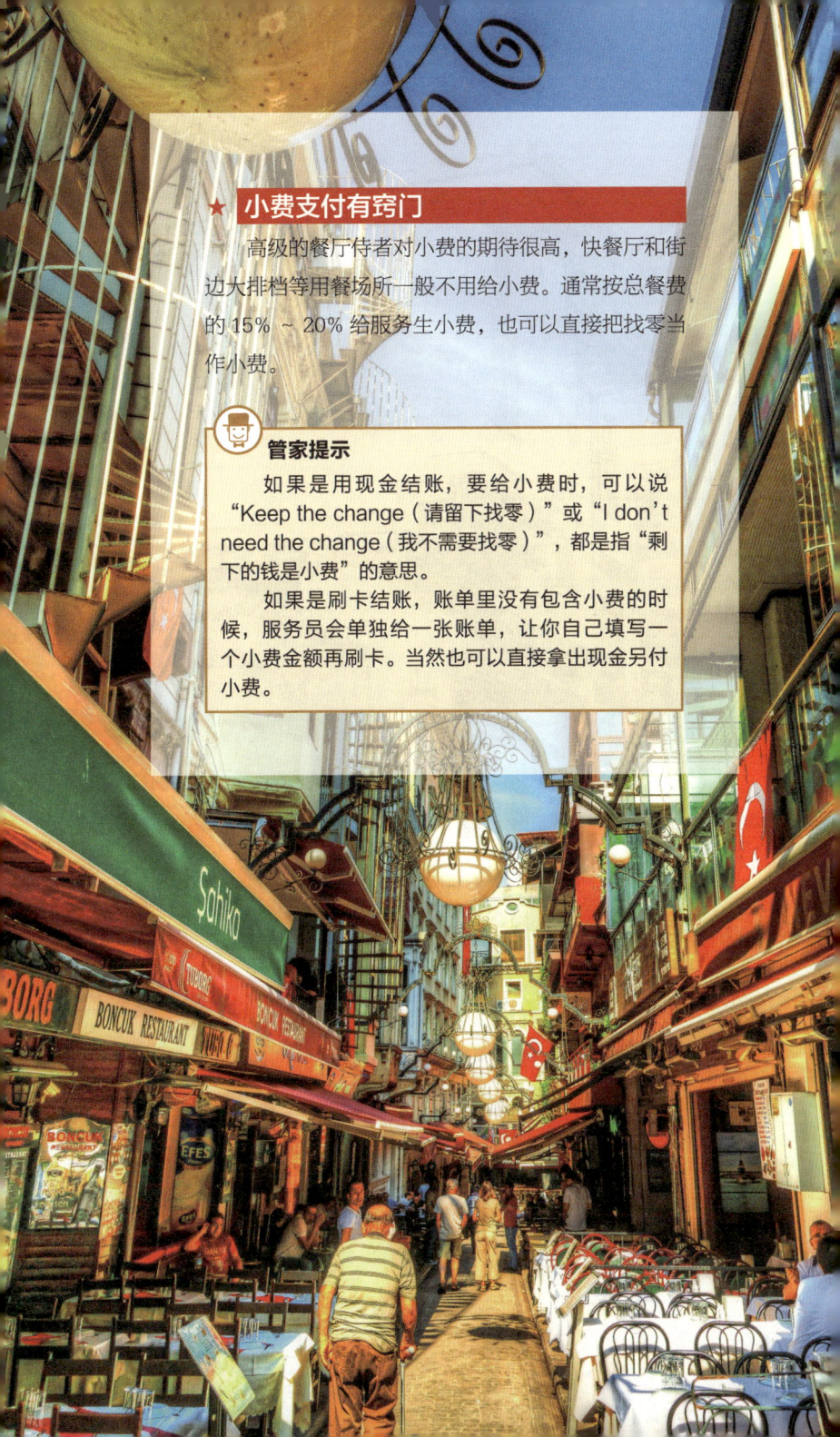

## ★ 小费支付有窍门

高级的餐厅侍者对小费的期待很高，快餐厅和街边大排档等用餐场所一般不用给小费。通常按总餐费的 15%～20% 给服务生小费，也可以直接把找零当作小费。

### 管家提示

如果是用现金结账，要给小费时，可以说"Keep the change（请留下找零）"或"I don't need the change（我不需要找零）"，都是指"剩下的钱是小费"的意思。

如果是刷卡结账，账单里没有包含小费的时候，服务员会单独给一张账单，让你自己填写一个小费金额再刷卡。当然也可以直接拿出现金另付小费。

# Part 5
## 土耳其扫货必备攻略

# NO.1 土耳其
## 扫货就爱买这些

###  过来人经验谈

 **小懒猫·女·慵懒才是旅行的真谛**

土耳其商场卖的耐克和阿迪达斯等运动装的价格差不多是国内的一半,很便宜。那边的 Mango 价位跟国内 Forever21 差不多。其实土耳其大型的商场并不多,土耳其人民穿着都很朴素。

 **朕是女汉子·女·时尚女青年**

到土耳其旅游,除了感受异国风光外,购物血拼也必不可少。的确,在土耳其购物是一件很令人开心的事。在土耳其,各类富有民族韵味的现代商品以及传统手工艺品往往是游客的最爱。热闹的土耳其市场上,商品琳琅满目,有闻名遐迩的土耳其地毯、皮毛制品、金饰品、银器、铜器、瓷器、刺绣产品、海泡石烟嘴等手工艺品,都令人爱不释手。此外,土耳其的精品店也很多,有来自世界各地的品牌服装以及土耳其本土品牌,并且几乎每个城市都有自己的特色纪念品,如蓝眼睛(恶魔眼)、特色手链、项链等。土耳其还有一些极具收藏价值的艺术品,包括土耳其茶具、地毯、彩绘陶瓷、手工珠宝等。

 **Summer冷·女·每座城市都有自己的温度**

在土耳其购物,买纪念品建议去卡帕多西亚、番红花城,物价都比较低,买地毯、瓷器等工艺品一定要讲价。

## ★ 地毯

地毯是土耳其最具有代表性的纪念品。土耳其地毯采用质地优良的真丝和纯毛为材料制作而成，用色大胆绚丽，图案构思极具想象力，是高级的装饰工艺品和收藏珍品。游客来到土耳其不买也会参观一下这里的工厂，工人们会向游客展示地毯的制作方法。土耳其地毯一般使用双结法编织而成，这种方法编织的地毯坚固耐用。

### tips

土耳其手工地毯最好的材料是羊绒和蚕丝，在购买时最好请店主详细介绍一下，尤其是老字号的地毯商，他们很熟悉地毯业务，可以让店主介绍一下地毯的材料、保养方法以及图案等。另外，要带地毯回国最好事先咨询海关和航空公司的相关规定，以免发生不必要的麻烦，有的商铺也会帮助客人把地毯邮寄回国。

## ★ 海泡石制品

海泡石是土耳其的一种奇石，有着石中"白金"的美誉。在土耳其，你可以轻易看到用海泡石雕刻成的烟斗、项链、耳环和各类手工艺品。海泡石烟斗用的时间越久，颜色就会越自然，并逐渐变为高贵的金棕色。海泡石烟斗虽然易碎，但是烟斗爱好者却对它情有独钟，作为礼物送给朋友和家人也很有新意。在埃斯基谢希尔城内有很多制作各式各样海泡石纪念品的小作坊，其价格要比伊斯坦布尔便宜一半甚至更多。

## ★ 丝绸

土耳其是古代丝绸之路中的一站，因而保留下来了古代养蚕制丝的方法，柔软的丝线被制成丝巾、披肩、上衣和其他物品在市场和商店出售。由于宗教信仰的关系，丝巾是土耳其女性重要的装饰品，有着艳丽色彩的丝巾确实非常吸引人的目光。

## ★ 红茶托盘及红茶杯组

土耳其的茶文化十分浓郁，如果是对土耳其饮品感兴趣的游客，

可以收藏一套具有代表性的郁金香形状茶杯和细密纹路的咖啡杯，这些器具可是独一无二的纪念品，在其他地方很难买到。在伊斯坦布尔大巴扎就可以买到各种别具特色的茶具，价格实惠。

★ **手工珠宝**

土耳其有很多高级的定制珠宝店，欧洲很多商人会到伊斯坦布尔购买手工定制的珠宝首饰。在伊斯坦布尔大巴扎和埃及巴扎都可以淘到精美的手工首饰。如果你感觉这些精致的首饰珠宝会超出你的预算，那么不妨看看绿松石首饰，它采用土耳其特有的土耳其石制作而成，也很精美，价格会稍微便宜一些。

★ **土耳其传统木制工艺品**

土耳其木质工艺品在土耳其传统艺术中占有重要地位。据说，当地人认为树木是神圣的，所以将它们做成艺术品使用很是珍贵。据史料记载，古代木制品一般是马具，而现在土耳其的木制品样式很多，有乐器、容器、家具等。

★ **蓝眼睛**

土耳其蓝眼睛别称"恶魔眼"或是"辟邪眼"，常使用易碎的材质制作，据当地人讲蓝眼睛有辟邪的功效，人们一般会把它挂在房屋的墙壁上或者交通工具上，也有些人会当作项链和手链来佩戴。蓝眼睛在土耳其无处不在，项链、别针、钥匙圈、耳环，甚至在餐盘上、珠宝上、房门上、人行道上、建筑外立面上都镶有蓝眼睛。

★ **装饰陶瓷及彩蛋**

土耳其的装饰陶瓷及彩蛋极具特色，其中蓝白色是最受欢迎的色彩，另外还有一种伊兹尼红（Iznik Red），是土耳其特有的色泽。由于土耳其宗教信仰不能崇拜偶像，所以陶瓷及彩蛋上大都是花鸟图案。尤其是产于土耳其的郁金香和康乃馨花草图案，运用在陶瓷及彩蛋上十分漂亮，很受人们喜爱。

**管家提示**

近日，有中国公民在土耳其安塔利亚旅游时从景区小摊贩处购买了一块石头，在离境时被机场海关查扣。土耳其警方认定该石头属禁止携带出境物品，并据此起诉该公民。根据土耳其有关法律规定以及近年来处理有关领保案件的经验，海泡石原材料、大批量的土耳其纪念硬币、历史考古及旅游景点的古建筑残片和石块等属禁止携带出境物品，一经发现可能面临罚款或指控。中国驻土耳其大使馆还发文提醒赴土耳其旅游的中国公民在游览过程中不要随意捡拾或从小摊贩处购买石制品，如从商店或工艺品店购买石制工艺品，务必要保留好原始发票或收据，以备出境时海关查验。

# NO.2 购物去 这里最合适

## 过来人经验谈

 **朕是女汉子·女·时尚女青年**

　　*Istinye Park* 是一家大牌云集的购物中心，*Dior*、*Fendi*、*Prada* 这些一线奢侈品都汇集在这里，款式都跟欧洲同步，价格也很合适。*Mall* 里还有用餐区，餐厅都很不错。不过美中不足的是很多店员都不怎么会说英语。

 **Summer 冷·女·每座城市都有自己的温度**

　　感觉伊斯坦布尔并不是一个可以让人对购物有满足感的城市。在伊斯坦布尔购物无非就是一些香料、地毯和有关宗教的东西，时尚的东西少之又少。但是随着伊斯坦布尔现代化的发展和与世界的对接，那些著名的时尚品牌也无一不在伊斯坦布尔开设了专卖店。如今，在伊斯坦布尔不仅可以买到土耳其本土特色商品，也可以买到令人心仪的时尚物品。

### ★ 传统集市

　　土耳其称呼有顶棚的市场为"巴扎"，在伊斯坦布尔等城市都有不止一个巴扎。巴扎一般位于市中心，经营的商品种类丰富，当地人购物会首选去巴扎。但是现在伊斯坦布尔等热门旅游城市巴扎里的商品售价会针对游客有所提高，到这些地方购物的时候，可以砍价。

**PART 5** — 土耳其扫货必备攻略

## 伊斯坦布尔的大巴扎

伊斯坦布尔的大巴扎规模很大，且历史悠久。如果你还没来过这里，就不能说你真正来过土耳其。整个集市纵横跨越七八个街区，店铺鳞次栉比，多个入口把来自世界不同地方的游客聚集在这个巨大的迷宫里，因为太大，你很难从同一个入口出入。市场主要经营土耳其当地特色产品，如围巾、金饰品、地毯、银器器皿、古色古香的铜器以及琳琅满目的纪念品等。

## 埃及巴扎

埃及巴扎因最早交易的是从埃及运来的贡品，故而得名。这里共有6个出入口，百多家店铺，是伊斯坦布尔又一个重要的传统集市。此外这里曾因有90多间香料商店，所以又有"香料市场"之称。这里主要经营的是香料，香料的包装都很精美，供游客选择。也有一些商铺经营各种土耳其特产或纪念品。

## 阿拉斯塔集市

阿拉斯塔集市（Arasta Carsisi）是伊斯坦布尔唯一一个露天的传统集市，周日照常营业。这里的商品以手工地毯而闻名，也可以买到和大巴扎一样的东西，而且购物环境要比大巴扎好很多。在伊斯坦布尔乘坐T1有轨电车在Sultanahmet站下车可到达。

## ★ 商业街区

在土耳其的伊斯坦布尔、安卡拉、伊兹密尔等城市有一些商店比较集中的街区很适合逛街、购物，而格雷梅、费特希耶等小城市一般只在闹市区有一些商店，且都出售旅游纪念品。

### 伊斯提克拉尔路

伊斯坦布尔时髦商品的集中地在伊斯提克拉尔路（Istiklal Caddesi），这里有许多欧美名牌，价格不是很高。另外，也可以在这里买到土耳其的高品质纺织品和皮革制品。乘坐地铁M2线在Taksim站下车可到达。

### 巴格达大街

巴格达大街（Bagdat Avenue）位于伊斯坦布尔 T1 有轨电车的 Eminonu 站附近，这里商品很齐全，商铺形形色色，有大型购物中心，也有精品店，每家商铺占地面积都很宽阔，在这里逛街很有乐趣。

### Kircilar

这是伊兹密尔的一条时尚购物街区，很繁华，没有传统市场那样嘈杂。在这里可以随意挑选自己想买的东西，不用担心店主会缠住你。这里可以买到皮革制品，质量都很不错，如果运气够好，还有可能看到大型购物店举办的时装秀。

★ **大型商场**

#### 阿克梅尔凯兹

阿克梅尔凯兹（Akmerkez）是伊斯坦布尔具有代表性的购物中心之一，这里聚集了土耳其当地受欢迎的品牌，还有一些国际品牌。此外，这里也出售土耳其特色装饰品和手工艺品。如果不想逛更多的地方，可以在这里一次性买全，非常便利。

### Istinye Park

Istinye Park 是伊斯坦布尔最好的购物中心之一，它有将近 300 个商店和 40 家餐厅。其中最有特色和最吸引人的是"名牌广场（Brand Square）"，它展示了世界顶尖设计师的品牌。室外购物区是高端品牌集中地，包括 Gucci、Prada 和 Dior 等，室内则是平民品牌。商场里还有一个食品市场，游客可以在这里买到土耳其特色小吃。

### Kanyon Shopping Center

Kanyon Shopping Center 是伊斯坦布尔一个非常现代化且时尚的购物中心，在这里可以尽情购物，并可享受一场爵士音乐会、挑选各种美食。另一方面，购物中心的建筑本身又非常有特色，曾赢得过不少欧洲的奖项。

### Media Markt

Media Markt 是安卡拉一家出售数码产品和家电的商城，很多我们熟知的数码品牌在这里都能买到。这里很多新款的数码产品价格非常适中。

### Acity Outlet Alisveris Merkezi

Acity Outlet Alisveris Merkezi 是安卡拉的一家奥特莱斯，这里出售电器、服装、包包等，有很多我们熟知的品牌，如 Levi's、耐克、LG 等。

### 阿戈拉购物中心

阿戈拉购物中心（Agora Alisveris Merkezi）是伊兹密尔的一个大型购物中心，拥有很多品牌商店，无论是大众品牌还是高档品牌的商品这里都有，也可以买到土耳其本土品牌，价格适中。

### Hadosan 土耳其地毯工厂

卡帕多西亚的地毯相当有名，如果想要买地毯，可以到 Hadosan 土耳其地毯工厂，这里经常会有旅游团来参观，并有工人示范地毯的制作过程。在展示厅里陈列着各式各样、不同花色的地毯，游客可以随意挑选。有的地毯价格昂贵，游客可以根据自己的喜好和预算挑选。

## ★ 其他购物商店

| 伊斯坦布尔购物商店推荐 | | | |
|---|---|---|---|
| 名称 | 地址 | 电话 | 网址 |
| Akmerkez | Akmerkez Tic. Merk. Nispetiye Cad, Etiler, Istanbul | 0212-2820537 | www.demsagroup.com |
| Galleria Ataky | Atakoy Turizm Tesisleri ve Tic. A.S., Galleria Alisveris Merkezi, Sahilyolu, Atakoy Bakirkoy, Istanbul | 0212-5999560 | www.galleria.com.tr |
| Profilo | Gulbahar Mh., Sisli, Istanbul | 0212-2164400 | www.pam.com.tr |
| ArmoniPark Outlet Center | Tevfik Bey Mh., Halkali Cd, Istanbul | 212-42591000 | www.armonipark.com |
| CarrefourSA | Guzelyurt Mh., Esenyurt, Istanbul | 0212-8520606 | www.teknosa.com |

| 伊兹密尔购物商店推荐 | | | |
|---|---|---|---|
| 名称 | 地址 | 电话 | 网址 |
| Swatch | Bahçelerarasi Mh., Mithatpasa Cd, Izmir | 0232-2781418 | www.swatch.com.tr |
| Konak Pier Alisveris Merkezi | Ataturk Caddesi Konak, Konak Pier A.v.m, Izmir | 0232-4469008 | www.beymen.com |
| Gundogan Mobilya | Yesilova Mh., Abdi Ipekci Cd, Izmir | 0232-4862955 | www.gundoganmobilya.com |
| Tiffany | Kemeralti, Anafartalar Cd, Bertiz, Izmir | 0232-4892569 | www.tiffany.com.tr |

| 安卡拉购物商店推荐 | | | |
|---|---|---|---|
| 名称 | 地址 | 电话 | 网址 |
| Yeni Konak Magazasi | Mesrutiyet Mh., Atatürk Blv, Ankara | 0312-4195535 | www.yenikonak.com.tr |
| can mobilya tasarim | Incirli Mh., Sokak, Ankara | 0312-3256597 | www.canmobilyatasarim.com |
| Burberry | Panora Mall-Bulvari, Oran Mahallesi Turan Gunes, Ankara | 0312-4921527 | www.tr.burberry.com |
| OXXO Ankamall | Ankamall, Gazi Mh., Ankara | 0312-5412383 | www.oxxo.com.tr |

| 卡帕多西亚购物商店推荐 | | | |
| --- | --- | --- | --- |
| 名称 | 地址 | 电话 | 网址 |
| Ramsey | Melikgazi, Esref Bitlis Blv, Kayseri | 0352-2336991 | www.ramsey.com.tr |
| Tiffany | Seyitgazi Mh., Park, Kayseri | 0222-2234429 | www.tiffany.com.tr |

| 费特希耶购物商店推荐 | | | |
| --- | --- | --- | --- |
| 名称 | 地址 | 电话 | 网址 |
| Ilkem Kirtasiye | Kesikkapi Mh., Ataturk Cd, Fethiye | 0252-6122609 | www.alper-kirtasiye.net |
| Proelite Bilgisayar Muzik | Adnan Menderes Bulvari Simşek Ishani Kat, Gunlukbasi Fethiye | 0252-6135184 | www.sesisikmuzik.com |
| Mugla Fethiye Teknosa | Kelessuyu mevkii, Oludeniz cad., Mugla makasi, Fethiye Park is Merkezi, Fethiye | 0252-6122573 | www.teknosa.com |
| Poyraz Yangin Sondurme | ve Guvenlik Sistemleri Fethiye | 0252-6452610 | www.muratiletisim.com |

**管家提示**

埃及巴扎与大巴扎相比更加平民化,大部分当地人会到那里买东西,同样的商品可能在埃及巴扎更便宜一些。埃及巴扎的土耳其软糖很受欢迎,而且口味很多,也有很多人会在这里买上几包草药茶和红茶,这种茶可以做成土耳其咖啡。

# NO.3 掌握购物必备技能

PART 5 土耳其扫货必备攻略

### 过来人经验谈

 **朕是女汉子·女·时尚女青年**

土耳其整体物价不高，个人感觉日常生活成本比国内要低一些。我们没怎么购物，除了买了一些吃的、喝的、小礼物以外，我和老公在伊斯坦布尔一人买了双运动鞋，比国内便宜不少。景点里面都有纪念品商店，里面的商品制作比较精致，比外面小摊的要好，但是相应的价格也高一些。像地毯、皮货等，土耳其特色的东西质量很好。另外，像茶叶、零食之类的东西，如果想多买一些送人，最好在城里的便利店或者超市购买，尽量不要最后到机场买。

### ★ 哪些地方能砍价

在土耳其买东西是可以砍价的，当地人买东西不仅讲价，而且还很专业。一般衣服、化妆品、食品等不能砍价，高档手表和首饰等贵重的商品可以砍价。在大巴扎购物可以砍一半以上的价格，在比较偏僻或是比较小的商店购物可以按原价的8折或9折还价。商店的价格也会有浮动，尤其在经济不景气时，讲价更是必需的，不要觉得不好意思。

### ★ 掌握省钱窍门

1. 找对人，不要逮住谁就跟谁讲价，要找柜台经理，找说话算数的人。
2. 寻找略有瑕疵的商品。
3. 多问。很多大商店都有各种优惠政策。
4. 寻找断代产品，这类产品在使用功能上没什么区别，只是样式不那么时尚，这种产品一般会享受优惠。
5. 买得越多就越应享有折扣，可以理直气壮讲价，要求至少给10%的减价。

 **管家提示**

在土耳其大城市购物基本上都可以刷卡付费，另外有些商店还能接受美元或欧元。在土耳其一些小城市的商店购物时，如看到令人心动的东西最好买下来，因为在小城市能看到的商品，在大城市不一定能找到。但是像伊斯坦布尔这种大城市，在大巴扎见到的商品基本上在其他商店都能见到，不用太着急买，可以货比三家，多看看价格，挑选最便宜的购买。

# NO.4 说说退税那些事

 过来人经验谈

 **朕是女汉子·女·时尚女青年**

购物的时候，可以看一下店铺门口有没有环球蓝联的标志，即使没有，也可以向店员询问是否能退税。如果可以的话，出示护照、信用卡，店员会把收据装在一个信封里面，信封的背面是土耳其机场退税点的示意图。

### ★ 在土耳其哪里购物可以退税

在土耳其境内购买商品需要支付消费税、增值税，不过购物金额在50里拉以上就可以办理退税。非土耳其公民在土耳其境内购物，可以获得增值税返还。有些信誉好的商场会直接把退税款支付给顾客，还有一些规模较大的商场设有专门的退税地点。要注意，服务类商品不可退税。土耳其退税机构主要是环球蓝联，在安塔利亚1号航站楼、2号航站楼、伊斯坦布尔阿塔图尔克机场、伊斯坦布尔市内、安卡拉埃森博阿机场、安卡拉市内和艾登、埃迪尔内、伊兹密尔等地均有环球蓝联的商店和退税机构。

**tips**

可在环球蓝联网站上查询更多关于土耳其退税的信息，网址：www.globalblue.com

**PART 5** 土耳其扫货必备攻略

## ★ 在土耳其如何办理退税

办理退税需要填写一式三联的退税申请表，包括护照号码、本国地址、消费金额、退税金额等，并附上购物发票，拿着退税申请表前往退税地点办理即可。若是商场没有退税点，可前往机场办理退税。退税时，建议选择刷卡退税（还有现金、支票退税方式），这种方式既简单又能立即生效，更省去了携带零钱的麻烦。

## ★ 旅行者退税流程

```
         退税商品
   （最好带着包装，别拆封）
              ↓
           到达机场
          ┌────┴────┐
     退税物品       退税物品
     要托运         随身携带
        ↓              ↓
 办理登机手续，    办理登机手续，托运行
 暂不托运行李      李，退税商品随身携带
    ┌──┴──┐
 乘坐土耳其  乘坐其他航
 航空航班    空公司航班
    ↓          ↓              ↓
A15~A16号窗口，D31~D32号窗口，通过海关检查后，前往219
请工作人员检查商  请工作人员检查商  登机口附近的退税办公室，
品，在退税单盖    品，在退税单盖    请工作人员检查商品，在退
章，托运行李      章，托运行李      税单盖章
                      ↓
          在 Food market 附近窗口完成退
          税，所退税额可以为欧元或美元
```

**管家提示**

在土耳其购买商品,可以获得退税的条件:

1. 未在土耳其定居的游客享受退税政策。
2. 购物金额在 50 新里拉以上。
3. 购物者必须在三个月内携带所购买的物品离开土耳其,并在离境时向海关官员出示所购物品的付款收据和退税支票。
4. 可按下列 4 种方式之一获取退税款:

(1) 如果商店付给购物人的是退税支票,购物人可将其在机场海关办公区内的银行兑现。如果购物者在离境时来不及或不希望兑现该支票,则购物者必须在一个月内将该购物收据复印件寄达商店,证明货物已经出境,商店应在收到此收据后 10 天内,将退税款付到购物者的银行账号上或寄给购物者。

(2) 如果购物人在海关验讫之日起一个月内再次访问土耳其,可将验讫付款收据和支票交回给商店,商店应将退税款直接付给购物人。

(3) 对一些信誉良好的顾客,商店可在购物时直接支付退税款。

(4) 可在若干具有退税资质的商店的联合机构获得退税。

# NO.5 买多了东西怎么办

### 过来人经验谈

 **Summer冷·女·每座城市都有自己的温度**

在土耳其看到什么都想买，又帮朋友买了一大堆的东西，到最后发现，靠自己一个人带回去还真有点困难，最后在朋友的建议下，选择了邮寄的方式把买多的东西寄回国。虽然回国以后等了10多天才到，不过确实要比自己带回来省事。

### ★ 行李托运还是带上飞机

　　国际航班一般可以带两个随身行李上机，目前大多数航空公司对托运旅行箱的大小规定都是三边之和相加不超过158厘米，158厘米的大箱子在国内也通常被称为30寸托运箱。对登机的行李箱的大小规定通常是三边之和不超过115厘米，在国内一般被称为20寸登机箱。也有些航空公司对于两个托运箱的总三边之和有额外的规定，比如国航规定总三边之和不超过273厘米。可以根据自身的情况，选择将行李托运或是带上飞机。

### ★ 海关对携带物品出境的要求

**土耳其海关对于携带物品出境的要求**

　　可带一块新地毯出境，但需出示购买凭据；如携带古旧物品出境，必要时需出示博物馆管委会出具的证明。禁止从土耳其出口古董。对于贵重个人物品，入境时在持有人护照上登过记的或出具合法兑换货币购买证明的，可携带出境。带土耳其矿物出口须经特殊批准,即不能不经批准携带海泡石原石离境。

### ★ 邮寄回国更省事

在土耳其购物太多,可以选择邮寄的方式把部分东西先寄回国。土耳其的邮局都带有"PTT"和"Yurk Telekom"的标志,因此容易辨认。中心邮政局营业时间为周一至周六8:00~24:00;周日9:00~19:00。小邮政局的营业时间和政府部门的工作时间是一样的。寄一张明信片到中国的邮资为2.2里拉。如果通过小商店购买邮票或者代寄,每张邮票一般为2.5里拉。

土耳其邮政系统官网:ptt.gov.tr/ptt

**管家提示**

在土耳其购买了地毯等大件物品,最好直接由商家邮寄回国,这样既能节省回国路上的体力,又能省去行李托运时的麻烦。并且不少航空公司对于托运行李的尺寸有严格的要求,即便付费托运,也有可能因为行李过大而被拒绝。

# Part 6
## 如何在土耳其自驾游

# NO.1 准备

 **过来人经验谈**

 **说书人·男·走过一片土地，爱上那一群人**

关于中国驾照公证翻译这事，我是花钱做的，但是租车的时候都没要求我出示。不过还是建议大家做了吧，因为一旦出现一些情况，还是会用到的。

 **凡夫俗子·男·老骥伏枥，志在千里。烈士暮年，壮心不已**

导航当然是免费的 Nokia Here 最方便，不过这次去土耳其为了双保险，下载了 Mapsme 到 Ipad，发现这个 APP 很实用，在出发前把景点在 Mapsme 上打好标签，会节省很多时间。

## ★ 了解土耳其的公路状况

土耳其的公路交通设施完善，公路网将全国的大小城镇和旅游景点贯穿了起来。另外，连接伊斯坦布尔和安卡拉的高速公路，再加上两座博斯普鲁斯大桥，使得往来欧亚各地变得非常方便。E80 和 E90 公路是从欧洲到土耳其入境时的主要道路，这些道路也通向伊朗和伊拉克。土耳其地广人稀，很多著名景点和度假村都位于郊区，距离市区很远，所以许多游客选择租车自驾进行游览，这样既省时间又可让旅途充满乐趣。

## ★ 确定行程与路线

根据在土耳其的旅行时间，计算好每天大概要走的里程，提前确定自驾游行程与路线。旅行日程不宜安排太满，可在自驾游中间阶段安排一天进行调整。如果想在伊斯坦布尔租车自驾游，需要做好心理准备，虽然驾照会被允许，但是市内经常堵车。另外，在伊斯坦布尔找停车位很难。驾车经过博斯普鲁斯大桥需要缴费，且不接受现金，只能使用电子卡（KGS），或车前扫描系统（OGS）。在伊斯坦布尔周边自驾游是不错的选择。

## 1 在地图上标注游玩地点

可先到网上下载一份土耳其地图，将想要去的城市和地区标注，勾勒出线路轮廓，完成路线初步设计。再根据路线距离、在土耳其的旅行时间、预算等，对目的地进行取舍。

## 2 每天行车里程计划

决定路线时，根据驾驶者人数、线路中的道路级别、目的地等因素，考虑每天的行车里程（一般不超过300千米）。在一天的行程中，在市内还是乡村小道行驶等都对行程有影响。如果驾驶者只有一人，要每隔几小时休息一次，两名以上驾驶者可以轮流驾车。根据每天的行车里程调整线路计划。

### ★ 买一份双语土耳其地图

可以到网上下载或书店买一份土耳其最新的双语对照地图，建议买标有公路编号的土耳其地图，提前熟悉土耳其线路及地形。要知道，土耳其不少偏僻的小村镇内手机和网络信号很差，万一遇上电子设备没有电，即便下载了离线地图也不好使了。有一份中英文纸质地图还是保险一些。

### ★ 提前办理相关证件

由于中国没有加入《联合国道路交通公约》，因此无法申请国际驾照。如果你打算到土耳其自驾游，需要将国内驾照在国内的公证机关处进行公证，然后到土耳其后就可以租车了。

**管家提示**

准备在土耳其自驾，也一定要提前对土耳其交通法律法规有所了解。土耳其的交通遵守右行规则，《土耳其高速公路法规》和欧洲各国的规定相似。城外的交通行驶很自由。伊斯坦布尔至安卡拉高速公路是唯一交通拥挤的高速路。城市中心的时速最高不能超过50千米/小时，城市中心以外的车速限制在90千米/小时。

# NO.2 租车

### 过来人经验谈

**黛尽青丝·女·吃是旅行最重要的组成部分**

你带上驾驶证、身份证去公证处做个翻译公证件就行了。公证处可以帮你翻译及公证。如果你对自己的驾驶水平和英文有信心，新版的驾照（有英文的）也能用，最多就是跟警察解释一下而已。

**墨染殇雪·男·爱生活，爱旅行**

在土耳其自驾能开手动挡车型的朋友会很幸福，因为土耳其租车公司车型中手动挡和自动挡比例大概是8:20。我们在SIXT官网预订了自动挡高尔夫（同类日产JUKE、奔驰A级），预订后曾发邮件给对方希望能提供JUKE（因为对日产车熟悉些，而且车体小一点，在土耳其狭窄的城市道路上通行效率更高），对方表示尽力但无法确保。后来在安塔利亚机场提车时竟免费升级为2.5L柴油新奇骏，充足的动力对爬坡上坎确实帮助不小。

**说书人·男·走过一片土地，爱上那一群人**

在土耳其租车完全不用担心，伊斯坦布尔机场有几十家租车公司。这次选的是Avis，订了Grand Jeep，不过取车时给了沃尔沃XC60，全新的，才行驶了9750千米的里程。

**凡夫俗子·男·老骥伏枥，志在千里。烈士暮年，壮心不已**

车型方面如果预算可以，还是建议租SUV，虽然土耳其的公路非常棒（比美国强多了），但SUV能去到很多小车到不了的地方，特别是土耳其东部地区，SUV的威力就显现了。应该在订车时注明需要柴油车，那样省钱多了。

## ★ 租车自驾需具备的条件

在土耳其必须年满 21 岁,并且有一年以上的驾龄才可以租到机动车。租车支持信用卡支付,但需要交纳押金。

## ★ 学会挑选租车公司与车型

租车时建议找一些大型且比较知名的汽车租赁公司,他们服务周到,通常会给你留一个电话号码,一旦发生意外状况可以随时联系他们。车辆按照车型和大小规格分组,一般从小到大分为:经济型(Economy)、紧凑型(Compact Size)、标准型(Standard Size)和全尺寸(Full Size)等。租金和保险费根据车辆所属车组和尺寸而不同。最后,可通过租车选择比较表,比较各大租车公司不同车型的价格,选出最适合自己的车型。

| 土耳其主要租车公司推荐 | | |
| --- | --- | --- |
| 名称 | 特色 | 网址 |
| 赫兹(Hertz) | 拥有众多的车型可选择,车况较新,装备 GPS,并提供短期租赁服务一日租、周租和月租 | www.hertz.com |
| 安飞士(Avis) | 全球第一大汽车租赁公司,提供商务租车、旅游租车、机场租车、自驾租车、代驾汽车租赁等服务 | www.avis.com |
| 国家租车(Nationalcar) | 全美第三大汽车租赁公司,主要服务于机场旅客的租车需求 | www.nationalcar.com |
| SIXT | 世界级的跨国租车公司,提供敞篷车、跑车、越野车等在内的各种车型 | www.sixt.com |

## ★ 学会网上租车

在网上查询和预订非常便捷。你可以登录各租车网站了解各车型组的价格信息,查询是否有特别优惠活动,了解目的地租车门店的分布,是否有便捷的取车点。此后便可选定某一租车公司并根据系统的提示进行预订。以苏立夫提(Thrifty)租车公司为例,该公司对车辆是不限里程的。

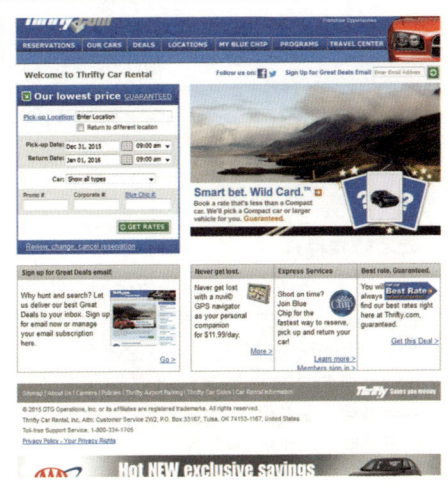

| 网上租车流程 | | |
|---|---|---|
| | 登录官网 | 搜索苏立夫提车租车公司官网（www.thrifty.com），点击进入 |
| | 填写租车要求 | 页面左上角方框里输入时间和租车还车地点，如异地还车，在"Return to diferent location"打勾；车型在下拉菜单中选，以选"SUV"为例，选中后点"GET RATES" |
| | 选车 | 系统按所填要求自动显示结果，左上角为中型SUV的照片，在它右边是具体租车价格，再往右边是租车信息。下方还有其他车型的的租车价格及信息可参考。Thrify对车辆不限里程 |
| | | 如果不喜欢系统选的车，点"See More Cars"，可看到更多车型及价格。如果想修改信息，如变更租车地点或时间，可在右上角方框的个人租车预订信息栏中修改。选定后，点绿色箭头按钮 |
| | 附加选项 | 页面"Enhance Your Trip"部分为附加选项：Navigation System（导航系统）、Car Seat（Toddler）（儿童座椅）、Car Seat（Infant）（婴儿座椅），需要可点"ADD"。页面下半部分是关于汽车保险的选项及介绍，保险到了柜台后再选择，点"Next" |
| | 填个人信息 | 填写姓名、邮箱、电话。如有相应航空公司的会员卡和航班号，在Loyalty Programs（Optional）和Arriving Airline（Optional）填写。不需要任何信用卡预付授权。信息填写，点"BOOK IT" |
| | 预订成功 | 预订成功后，网站给出预订的参考编号（Reference Number）。牢记该编号，以后再登录网站时，通过预留的电邮和参考编号进行预订的查询、修改和取消 |

▲网上租车流程图

### 管家提示

有一些租车公司要求提供信用卡号码，如果预订了却不提车，会直接从信用卡里扣除相关费用。如果旅行计划有更改，一定要提前2～7天取消预订。选择连锁的正规公司租车，不论在哪里，车若出了故障或被撞坏都可以直接打电话给租车公司，他们会来把故障车拖走修理，同时带给你一辆新车。此外，使用连锁租车公司，大部分都可以异地还车，但各个公司对于异地还车所收取的手续费不尽相同。

# NO.3 提车

## 过来人经验谈

 **朕是女汉子·女·时尚女青年**

提前在SIXT官网上预订了自动挡高尔夫汽油版，在安塔利亚机场取车，但取车过程并不顺利。安塔利亚机场离城较远，我们坐公交车迟到了，在机场没有找到SIXT的工作人员。订单上面没有安塔利亚租车点的联系方式，只有一个还车地点伊兹密尔的工作电话。经过几番折腾，终于还是盼来了租车公司的人员。谢天谢地，终于可以提车了。我们首先对迟到表示道歉。工作人员也向我们解释他们按照提车的时间到了这里，没有看到我们，也没联系上我们。虽然是因为我们的迟到才导致了这一场"风波"，但工作人员觉得他们也有责任，作为补偿为我们免费升级了车型。

 **黛尽青丝·女·吃是旅行最重要的组成部分**

上高速公路前，先看清楚自己车的挡风玻璃上的条形码标志是哪家公司的，因为土耳其高速公路有两家收费的公司，别入错了口子。

 **墨染殇雪·男·爱生活，爱旅行**

伊斯坦布尔机场出口处的左右两边都是租车公司的柜台，很方便。Avis的在左手边，不过Avis的工作人员效率一般，花了半小时才办好手续。所有租车公司提车都要到机场出口处大门对面的停车场坐穿梭巴士到候机楼右手边的货运处那里的停车场提车。

PART 6 如何在土耳其自驾游

### ★ 机场提车

在机场取车一般有3种方式：（1）租车公司柜台在机场航站楼内，直接办理取车手续，在机场内取车；（2）拨打提车单上的门店联系电话与租车公司工作人员联系，工作人员驾驶车辆到机场到达大厅举牌等待，并立即办理租车手续；（3）乘坐免费穿梭巴士抵达机场外的租车公司门店办理取车手续。在出机场海关后，留意"Rental Car Shuttles"之类的标志牌，按照指示抵达免费穿梭巴士停靠站台，向司机出示提车单，可与同伴一起携带行李乘坐免费穿梭巴士抵达租车公司门店。

### ★ 前往租车公司网点提车

可找一个市区内离下榻酒店较近的门店去取车，价格相对较便宜。市区有的门店在工作时间会提供一定范围内的送车服务，你只需提供具体时间和地点。至于送车服务是否收费，需提前咨询。

**tips**

建议直接去门店取车，在同一车组下，你可以根据自己的喜好挑选更适合的车。颜色、新旧等细节信息是预订时没办法确认的。

### ★ 学会办理手续

根据订单提供的信息，找到租车公司营业柜台或门店，即可办理相关手续。

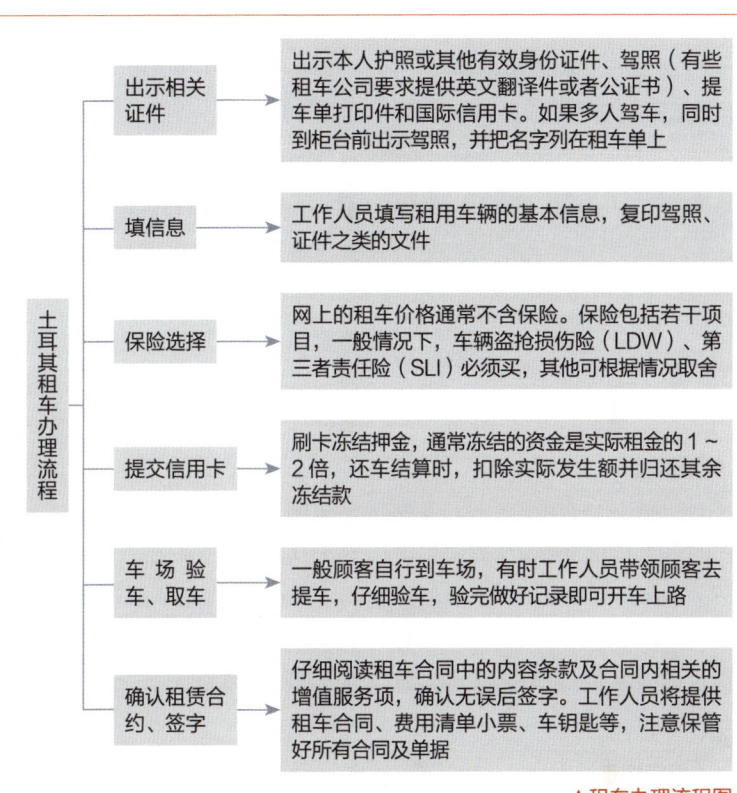

▲租车办理流程图

## ★ 提车注意事项

### 1 升级车型

如果预订的车没有了,工作人员通常会为你更换更高级的车款,这时应要求进行免费升级。如果忘记要求免费升级,可在还车时凭单据退回额外的费用。若有原预订的车型,想选择更换成更高级的车型,须支付对应的升级车型费用,升级车型会产生对应租金差价,信用卡也会冻结相应额度,在还车时进行结算。通常是一次性缴付且支付对应税费。

### 2 保险

租车时千万要买保险,租车公司的工作人员会解释保险的事情,如果购买了海外旅游意外险,可以考虑不再购买租车公司提供的顾客财产损失险。有很多信用卡公司的服务包括车险这一项,如果使用该信用卡租车,就不需要买车险,可提前跟信用卡公司确定。一旦和别的车发生了事故,打电话给保险公司,等他们来处理,不管谁错,千万别轻易说自己错。

## 3 空箱租与满箱租

租车公司的车辆都是加满油的，如果你选择"空箱租（We Refill）"就需要先支付一箱汽油钱，还车的时候有多少油都无所谓。如果是"满箱租（Your Refill）"，则不需要先支付油费，还时加满油即可，不然就要付费；若把未加满油的汽车开回门店，除了要支付未满部分的油费外，还需要支付一定数额的服务费。

## 4 特殊装备

GPS导航仪是必带的工具，多数公司的GPS可提供中文（粤语和普通话）导航，可以在预订或取车时索取。就算有了GPS导航仪，当地地图也必不可少。此外，儿童或婴儿乘车必须要有儿童或婴儿座椅，一般租车公司均可提供，不过也都需要额外付费。

## 5 验车

验车时，注意检查车辆是否有损坏、行车手续是否齐全。车辆的开关、车灯、油箱（是否满油）、转弯提示灯、雨刷、备用轮胎和车身刮痕等都要仔细查，以确定车辆没有任何故障。一般大的租车公司定期对车辆进行维修保养，交付使用的车辆一般都有质量保证。如果是小公司，一定要严格验车并做好记录，免得吃亏。驶出车库时，注意大门口地上设置的锯齿形路障，只能单向驶入或驶出，不可逆行。

### 管家提示

提车时必须携带有足够额度的国际信用卡，否则一般租不到车，车辆的所有费用会在还车时扣除，一周后可在网上查到电子账单。租车公司一般不接受现金作为押金，也不提前收款。如果使用现金作为押金而被租车公司拒绝取车，已支付的预订租车费用将无法退还。

# NO.4 驾车

### 过来人经验谈

**墨染殇雪·男·爱生活，爱旅行**

土耳其多数公路限速 90 千米/小时或 110 千米/小时，但几乎没有电子警察抓拍的，所以超速是常态。基本车速在 120～160 千米/小时。不过在西部繁忙的旅游城市附近就得当心了。我被逮了一次，限速 110 千米/小时，测速 128 千米/小时，罚款 189 里拉，过了一周去交钱，说因为提前付钱，给打了 8 折，罚款也能打折，够人性化的。

**说书人·男·走过一片土地，爱上那一群人**

安卡拉去安纳托利亚的路应该选择走 E90 公路，要不会错过重要景点图兹湖（Toz Golu）。图兹湖是个内陆大盐湖，土耳其 7 成以上的食盐来自这里。惊奇的是湖水呈粉红色，这是由于湖内微生物的作用。湖边有休息区，正好可以在这里午餐。

### ★ 了解当地驾车习惯

1. 土耳其多数道路免费，仅少量道路收费，租车时记得问清楚车上是否安装了类似于 ETC 的自动收费卡。在还车时最好当场以现金的方式把过路费结算了，省得回到国内看到预授权被扣产生疑问再反复沟通。

2. 土耳其人驾车基本都超速，而且是严重超速。所以直接的后果就是道路上车祸不断，这点需要格外注意。

土耳其热门旅游城市间往来的道路以山区道路和沿海道路为主。山区道路坡度大于国内,尤其是费特希耶城和死海间那段路,基本全部是超过10度的上下坡,有大量长下坡带和发卡弯,务必注意行车安全。

★ **故障/违章/意外事故处理**

在土耳其出现交通事故必须向警察或宪兵报案。案情报告必须经过当地相关权威机关认证,机动车辆的拥有者需要用本人护照和案情报告向海关部门申请。如果机动车辆可维修,必须首先通知海关部门再送至修理厂维修。如果机动车辆无法维修,并且所有者不打算在离境时将其带走,必须将该机动车辆交至当地海关部门并在护照上销案。机动车拥有者只有销案后方可离境。如遇交通事故可以拨打以下电话号码:交警(154),宪兵(156)。

驾驶从租车公司租来的车出现了事故或违章时,可以先向租车公司致电,询问解决办法。

**tips**

游客应当增强安全意识,谨慎选择自驾游,可考虑使用当地公共交通出行方式或参团旅游。出行前应购妥相关保险。如遇交通事故,请及时报警并前往医院救治,或联系使领馆寻求协助。

当地报警电话:155,急救电话:112

中国驻土耳其使馆领保协助电话:+90-538-8215530

中国驻伊斯坦布尔总领馆领保协助电话:+90-531-3389459

中国驻伊兹密尔总领馆领保协助电话: +90-535-8802656

中国外交部领事保护与服务应急呼叫中心电话:+86-10-12308 或 +86-10-59913991

### ★ 随车设备有备无患

**GPS 导航仪**

GPS 导航仪一般有多种语言支持和蓝牙支持，简单易懂，能够提供路线规划、语音提示和图像提示。你可以按地址或分类进行搜索，同时可以输入餐厅、酒店或其他具体目的地来搜索。离开车时，一定要把 GPS 放到看不到的地方，否则很可能会被人砸碎玻璃偷走。

**当地最新地图**

有了 GPS 导航仪，当地最新地图也必不可少。地图可以很方便地买到，也可以到机场旅游服务中心索取，有些加油站也会提供免费地图。建议在出发前标明目的地，以防途中问路时由于语言不通而表达不清。

**雪地轮胎 / 防滑链 / 滑雪板架**

如果是冬天，车辆行驶在有积雪和结冰的路面需使用雪地轮胎或防滑链，可以在预订或取车时提出要求，并在取车时支付相关额外费用。有些租车公司在主要滑雪点也会随时提供滑雪板架。

 **管家提示**

土耳其沿海道路一般由单车道和弯道组成，注意保持速度，如果速度不快会导致后面压的车辆太多，可考虑在适合停车的路边上临时停车让行，切忌紧张导致手忙脚乱。

# NO.5 还车

### 过来人经验谈

**墨染殇雪·男·爱生活，爱旅行**

我是从埃迪尔内到伊斯坦布尔的时候刚好经过机场，就把车还了。伊斯坦布尔市区里面总是堵车，还是坐公交车和地铁比较好。

**说书人·男·走过一片土地，爱上那一群人**

想要还车的时候省事，就在提车出发前在导航上打个标签，回来还车的时候就能够很轻松地找到停车场了，否则就要在航站楼周围兜圈子。

### ★ 机场还车方便快捷

机场还车非常方便，进入机场范围一般都有明确的租车指示牌，很容易就能找到还车的门店。

```
机场还车流程
├─ 前往机场门店 → 进入机场范围,留意路上的"Rental Car Return"路牌指示,根据指示行驶正确的车道
├─ 抵达租赁门店
│   ├─ 人工还车 → 工作人员会对车辆进行检查,并记录车辆返还的时间和车辆状态
│   └─ 自助还车 → 用相机或手机拍下车辆外观照片(包括车顶),开启时间显示功能以证明拍照的时间,以免日后发生纠纷
├─ 索取收据
│   ├─ 人工还车 → 在还车站点向工作人员索取票据
│   └─ 自助还车 → 无须向工作人员索取票据
├─ 乘免费穿梭巴士前往机场候机楼 → 携带行李抵达穿梭巴士停靠站台,并告知司机航空公司名称和航班号,下车后不要遗忘个人物品
└─ 退还押金 → 租车期间没有违章,通常一个月内押金将自动解冻,归还至信用卡
```

## ★ 异地还车省时省力

如果不想走回头路,可以选择异地还车。土耳其很多城市都支持异地还车(如果打算自驾到欧洲的话,租车公司甚至还会支持异国还车)。只要在选择完取车门店和还车门店后能够顺利完成预订,订单就有效,也就支持异地还车。

**管家提示**

**1 查看收据**
收据是还车、付款的有效凭证,仔细核对收费及扣款信息,如有疑问及时交涉。

**2 按时还车**
还车时间按小时计算,避免超时还车,超时会被罚款。

**3 异地还车有费用**
异地还车可能有一定的费用产生,收费标准由不同供应商以及取还车门店而定,可到租车公司网站上查看。如果中途计划有变需要提前还车、延长租车时间或改变还车地点,需要提前通知租车公司更改,否则会被收取一些类似罚金之类的费用。

# Part 7
## 土耳其主题游
## 精选

# NO.1 热气球观光之旅

### 过来人经验谈

#### 小懒猫·女·慵懒才是旅行的真谛

在卡帕多西亚的第2天,一大早就被酒店提供的专车拉走。虽然感觉还未清醒,但是想到马上就能开始激动人心的旅行,便不禁清醒了许多。伴随着天空逐渐地明亮起来,我们在车上吃了点面包,然后引导我们前行的导游让我们在表格上填上自己的名字,还在胸前贴上要乘坐的热气球的贴纸。车子行驶了1个小时左右,我们到达了目的地。天空已经明亮起来了,气球也鼓起来了。我们按着贴纸爬进一个大篮筐里,里面大概能乘坐20人。据说气球会上升到300米高空,我们不禁幻想着接下来的美妙。

#### 朕是女汉子·女·时尚女青年

热气球腾空的那一刻,散落的山谷、雄伟的山脉、散落的村庄,一切尽收眼底。更有卡帕多西亚的"精灵烟囱",让我仿佛身处童话王国一般。看着远方天地相接处升起的朝阳,脚下雄伟的山川及千奇百怪的蘑菇群,激动之情不言而喻。坐在热气球中,能远距离地欣赏到地面的一景一物,体验到凌空的快感。最令人振奋的是,最后还给每个人发一个印有自己名字的证书,并会开香槟庆祝热气球之旅的圆满成功。

#### 黛尽青丝·女·吃是旅行最重要的组成部分

飞行时间1个多小时,我们一直在找角度拍照,一点都没有考虑到热气球是高危项目。全程也很安全，没有恐高的感觉。最后热气球降落在一片高地上，直接降落到运载的车上。热气球的球顶打开后，气球一下收了起来，大家帮忙一起收伞，开香槟庆祝，颁发证书，教练还助兴表演了喷火。

 **墨染殇雪·男·爱生活，爱旅行**

玫瑰谷除了瑰丽的自然景观外，还有众多不同特色的石窟教堂。从玫瑰谷入口标志沿途可以看到石柱教堂（*Kolonlu Kilise*），它的岩石外立面很容易被错过；还有十字架教堂（*Hacli Kilise*）、魔眼教堂（*Church of Evil Eye*）、隐蔽教堂（*Sakli Kilise*）。

## 格雷梅露天博物馆

格雷梅露天博物馆是土耳其的世界文化遗产，陡峭的山谷之中，浓缩了卡帕多西亚的自然、历史和人文，汇集了30多个大大小小不同特色的石窟教堂。这些教堂是最初由躲避政治迫害而迁移到卡帕多西亚的基督教徒所修建的。为掩人耳目，他们将山体凿空修建教堂，内部刻画着色彩斑斓、美妙绝伦的壁画。

- **地址** Aydinli Mah.Yavuz Sok.Goreme，Nevsehir，Cappadocia
- **门票** 博物馆15里拉，进入黑暗教堂另外收费8里拉
- **开放时间** 夏季8:00~19:00，冬季8:00~17:00

**tips**

露天博物馆中的黑暗教堂是游客最多的地方，不过进这个教堂是要另外收取费用的。之所以叫黑暗教堂，是因为此教堂光线昏暗，没有一扇窗户。这里的壁画是格雷梅露天博物馆的代表作，壁画保存得非常好，色彩明艳，人物生动形象。

# 格雷梅国家公园

　　格雷梅国家公园被列为世界遗产，以壮观的火山岩群、古老的石窟教堂和洞穴式住房闻名于世。数百年前，由于火山喷发，火山灰泥形成起伏的地形；风化及雨水的冲刷，使这里形成千奇百怪的"仙人烟囱"。在河谷两旁的悬崖上和地底下，建有成百上千座古老的岩穴教堂和不计其数的洞穴式住房。这里有自然界巧夺天工的岩石造型，还有在奇岩怪石的大地上绽放的基督教文化。

> **地址** Aydinli Mahallesi，Yavuz Sokak No:1，50180 Goreme

# 玫瑰谷

　　玫瑰谷（Rose Valley）的名字其实生动地描绘了这座山谷从远处看的形象。流水、洪水和霜冻使这些岩石裂开，其较软的部分被侵蚀掉，结果留下奇异的月亮状地貌。它由锥形、金字塔形以及被称为"妖精烟囱"的尖塔形岩体组成。层峦叠嶂，怪石嶙峋，当风卷尘土拂面时，人们颇有"英雄倾夺何纷然，一盛一衰如逝川"的感叹。

> **地址：** Rose Valley，Göreme Yolu 50000 Göreme/Nevşehir

# 迪夫里特峡谷

　　迪夫里特峡谷（Devrent Valley）是卡帕多西亚地区形状最奇特、分布最集中的火山石群，著名的骆驼形状的岩石就在这里，被称为"动物岩层"。当地独特的岩层是"精灵烟囱"形成的原因，表面一层薄而坚硬的玄武岩，保护着下面白色松软的凝灰岩免遭风雨的侵蚀，日久天长形成了今天的形态。岩石是被自上而下风化的，看起来像是一片石林，直刺云霄。

> **地址** Devrent Valley，Göreme Yolu 50000 Göreme/Nevşehir

 **管家提示**

　　选择在土耳其乘坐热气球的游客越来越多，热气球公司的第一飞（能看日出）非常抢手。想要乘坐热气球看到日出的壮丽景色，最好提前到热气球公司官网预订。

# NO.2 清真寺之旅

### 过来人经验谈

**黛尽青丝 · 女 · 吃是旅行最重要的组成部分**

蓝色清真寺是免费的，但是女士进去一定要戴头巾。建议自己带一条喜爱的披肩，门口租的那种头巾挺丑的，而且有味道。

**墨染殇雪 · 男 · 爱生活，爱旅行**

从蓝色清真寺旁边的 İstanbul Adalet Sarayl 博物馆往西北方向有许多咖啡馆，挑一家高处的咖啡馆都能拍到蓝色清真寺的全景。

## 蓝色清真寺

蓝色清真寺（Blue Mosque）的名字源于伊兹尼蓝瓷砖的色彩，真正名称是苏丹艾哈迈德清真寺。蓝色清真寺有6座宣礼塔，比一般清真寺要多两座，体现出其独特的地位。清真寺内的260个小窗、两万多块蓝色瓷砖、数百块地毯和众多阿拉伯书法艺术作品是观光的重点，正是这些亮点吸引着无数游客前来参观。

| | | |
|---|---|---|
| 🏠 | 地址 | Sultanahmet Mh.，At MeydanıNo:7，34122 Fatih/İstanbul |
| 🚋 | 交通 | 乘坐 T1 有轨电车在 Sultanahmet 站下车 |
| 💲 | 门票 | 免费进入，欢迎捐款 |
| 🕐 | 开放时间 | 随时（每天5次的祈祷时间游客不允许入内） |
| @ | 网址 | www.sultanahmetpalace.com |

PART 7 — 土耳其主题游精选

> **tips**
> 入口处有中文讲解册子可以自取；选择好天气游玩，这样拍出的照片才会更好看。清真寺的地毯踩着非常舒服，据说是朝贡品。

## 圣索菲亚大教堂

圣索菲亚大教堂（Holy wisdom）是拜占庭式建筑中的典范，其特别之处在于平面采用了希腊式十字架的造型，在空间上创造了巨型的圆顶。室内没有用柱子支撑，而是采用拱门、扶壁、小圆顶等设计来支撑，展现了高度的空间感。另外，内壁全用彩色大理石砖和五彩斑斓的马赛克镶嵌画装点，特别引人注目。这座有近1500年历史的建筑最初作为东正教堂，曾有一段时间作为天主教堂使用。

- **地址** Ayasofya Meydanı，Sultanahmet Fatih，Istanbul
- **交通** 乘坐T1有轨电车在Sultanahmet站下车
- **开放时间** 4月15日~10月1日 9:00~19:00，18:00停止售票；10月1日~4月15日 9:00~17:00，16:00停止售票；周一休息
- **网址** www.ayasofyamuzesi.gov.tr

## 耶尼清真寺

耶尼清真寺（Yeni Mosque）也称新清真寺，虽被称作新清真寺，却已有400多年的历史了。耶尼清真寺在布局上大体和蓝色清真寺、苏莱曼清真寺接近，唯一不同的是该寺四周热闹非凡，各式摊贩、小店应有尽有。走进寺内如同来到了另外一个世界，所有的热闹被隔绝在外。寺内铺满了伊兹尼克瓷砖和花纹地毯，精致动人。

- **地址** Rustem Pasa Mh.，Fatih，Istanbul
- **交通** 乘坐电车TRAM在Eminonu站下
- **开放时间** 除了祈祷时间，其余时间皆开放
- **门票** 免费
- **电话** 0212-5278505

# 苏莱曼清真寺

苏莱曼清真寺（Suleymaniye Cami）是伊斯坦布尔最美的清真寺，于奥斯曼帝国鼎盛时期设计建造。清真寺的庭院四角各有一座宣礼塔高耸，彰显了宽广雄伟的气势。其寺内装饰也非常豪华，墙壁都是由白色大理石镶嵌而成，窗户上采用的是16世纪生产的彩色玻璃。当太阳光照射进来，白色大理石和彩色玻璃交相辉映，美轮美奂。

- **地址** Prof Sıddık Sami Onar Caddesi，Bazaar District
- **交通** 乘坐有轨电车至 Beyazıt 站下
- **门票** 免费　　**开放时间** 6:00～20:00（无休）

# 哈慈拜拉姆清真寺

哈慈拜拉姆清真寺建于15世纪，是安卡拉重要的寺庙之一，因一位名叫哈慈拜拉姆的圣徒而得名，哈慈拜拉姆的墓碑就在清真寺入口附近。清真寺整体由黄色的石头和瓷砖建造，附近有卖关于宗教的小饰品。

- **地址** Haci Bayram Veli Cami，Haci Bayram Mh，Ankara
- **门票** 免费
- **开放时间** 每天祈祷时间过后

 **管家提示**

清真寺内要保持安静。所有人进去都要脱鞋，门口有装鞋的塑料袋，需要自己拎着。女士必须要戴头巾，并且穿着不能太裸露。

# NO.3 古典文化之旅

### 过来人经验谈

**朕是女汉子·女·时尚女青年**

我觉得托普卡帕皇宫是伊斯坦布尔最美的景点,里面的装潢非常豪华,但也有一种阴森的感觉。我还是喜欢皇宫中小一点温馨一些的房子,空间太大会让我想起很多庄园与吸血鬼的故事。皇宫里面不能拍照,但是进去都有英文向导。

**Summer冷·女·每座城市都有自己的温度**

坐船的时候经过新皇宫(多尔玛巴赫切宫),感觉特别华丽精美,据说内部更加金碧辉煌,没去新皇宫真是一大遗憾啊。

**黛尽青丝·女·吃是旅行最重要的组成部分**

塞尔苏斯图书馆在长长的一条大街的尽头,我去的时候正巧遇见私人音乐会,就在这座恢宏的图书馆里面举行。当夜幕降临,废墟中传来大提琴低沉的倾诉,西方古典音乐飘荡在古罗马遗址的上空,这算不算文化上的传承?这让我想起余秋雨所说的在埃及金字塔前表演的《阿依达》,在几千年的历史面前,我们必须恭敬。音乐会不对外开放,无论我怎么询问,都无法得知是谁办的这场音乐会,是谁才能欣赏这场演出。

**墨染殇雪·男·爱生活,爱旅行**

塞尔丘克最值得去的地方是以弗所古城(市区打的过去到古城后门20

里拉），它曾是古罗马的第二大城市，大概要逛2个小时。还有一座以弗所博物馆就在我们住的地方旁边。如果时间多的话还可以去市中心，1个小时可以逛完。如果是中午到塞尔丘克，休息一下先去逛逛博物馆，到了4点多再出发去以弗所古城，逛完回来刚好吃饭。博物馆的导游员会讲述烧毁世界七大奇迹之一的阿尔忒弥斯神庙的那个疯子的故事，还会提供一些以弗所古城的信息，对历史感兴趣的人一定要去看看。

# 伊斯坦布尔老城区

伊斯坦布尔老城区的历史可以追溯到上千年以前，这里曾作为罗马、拜占庭、奥斯曼土耳其三大帝国的首都。城内的大教堂、清真寺随处可见，每一个古老的建筑都见证了这个城市的兴盛衰败。老城区独一无二的古迹及建筑是各帝国时期繁荣昌盛的象征。圣索菲亚大教堂、苏莱曼清真寺、托普卡帕皇宫、大巴扎这些古老的建筑使伊斯坦布尔成为一个历史文化大都市。

- **地址** Sultanahmet, Fatih, Istanbul
- **交通** 搭乘有轨电车1号线至Sultanahmet站下车，周围区域即是

# 托普卡帕皇宫

托普卡帕皇宫（Topkap Palace）始建于1465年，又被称为老皇宫。皇宫大体上由4个庭院组成，每个庭院及建筑都很有特色，现今只有最重要的王宫和后宫对外开放。漫步在皇宫里可以看到很多藏品，包含大量的瓷器、官服、武器等。不得不说的是，这里不仅可以看到马尔马拉海，还可以眺望博斯普鲁斯海峡。

- **地址** Babihumayun Caddesi, Istanbul
- **交通** 乘坐电车TRAM在Sultanahmet站下车
- **门票** 王宫25里拉，后宫15里拉
- **电话** 0212-5224422/51204805
- **开放时间** 夏季9:00～19:00，冬季9:00～17:00
- **网址** www.topkapisarayi.gov.tr

> tips

**1 用自动售票机不排队**
在皇宫的售票处排队的队伍很长,不过旁边有 3 台自动售票机,接受里拉现金和信用卡,用的人不多,很方便。

**2 第三庭院不能错过**
第三庭院的珍宝馆很值得参观,这里最不能错过的是世界罕见的重达 86 克拉的钻石。此外,旺季人多,排队要有耐心。

## 地下水宫

如果想躲避城市的喧嚣与酷热的烈日,地下水宫绝对是最佳场所。它建于 6 世纪,当时是最大、最具有历史色彩的蓄水池之一,水由黑海引入,然后浸润在这里。水宫有两根柱子常常被人群包围,它们就是有名的"美杜莎头像之柱"和"泪柱"。泪柱中间有个小洞,据说人们只要把手指放进去旋转一周,愿望就会实现。

- **地址** Alemdar Mh., Seftali Sk, Fatih, Istanbul
- **交通** 乘 T1 有轨电车在 Sultanahmet 站下车
- **门票** 10 里拉
- **开放时间** 4 ~ 9 月 9:00 ~ 18:30;10 月至次年 3 月 9:00 ~ 17:30
- **网址** www.yerebatan.com

> tips

传说美杜莎就是希腊神话中令人闻风丧胆的长满蛇发的女妖,至于为什么被压在石柱下就不得而知了。

# 多尔玛巴赫切宫

多尔玛巴赫切宫（Dolmabahce Palace）坐落在博斯普鲁斯海峡的欧洲沿岸上，建筑高大宽广，气势恢宏，透露着奥斯曼帝国曾经盛极一时的辉煌。宫殿建筑主体采用白色大理石及埃及雪花石打造，极尽奢华。多尔玛巴赫切宫内的土耳其地毯、水晶烛台、象牙和黄金饰品以及各国赠送的装饰品都值得仔细观赏。

- **地址** Vişnezade Mh., Besiktas, Istanbul
- **交通** 乘坐 T1 有轨电车至 kabatas 站下车
- **门票** 通票 40 里拉，游览时间控制在 45 分钟以内，有英文解说；嫔妃院 30 里拉，后宫 20 里拉；水晶宫和钟表博物馆加收门票 14 里拉；学生卡有效
- **开放时间** 夏季 9:00 ~ 16:00，冬季 9:00 ~ 15:00；周一、周四及伊斯兰教节日的第一天闭馆
- **网址** www.millisaraylar.gov.tr

# 特洛伊古城

特洛伊（Troy）古城以其 4000 多年的历史成为世界上最著名的考古遗址之一。这里被发现前，人们一直以为特洛伊只是荷马写进史诗中的传说，没想到在著名考古学家海因里希·谢里曼的不懈努力下，终于发现了这座闻名世界的古城，并在古城的墓葬中发现了很多珍贵文物。目前，人们依稀可见的是城墙、庙宇、戏院和木马基座。人们为了缅怀历史，在特洛伊古城附近仿造了一个巨大的像马一样的建筑，并称之为特洛伊木马。

- **地址** Tevfikiye Koyu Intepe/ Canakkale，Turkiye
- **交通** 在恰纳卡莱搭乘小型巴士可到达

# 安卡拉城堡

　　安卡拉城堡（Ankara Kalesi）位于安纳托利亚文明博物馆附近的一座山丘上，其所使用的建材都取自罗马时代留下来的城墙石块。这座城堡历经战火洗礼，遗留下的残垣断壁充满历史的沧桑感，且留存下来的城堡建筑不多。城堡内却有很多传统建筑被完好保存下来，可以说这里是安卡拉最古老的地区。登上这座城堡俯视整座旧城，旧时代的小屋、古老的建筑尽收眼底。最重要的是，可以一览安纳托利亚文明博物馆的雄伟姿态。

- **地址**　Korkutreis Mh., Necatibey Caddesi 28
- **门票**　20 里拉

### tips

　　城堡本身可能没有什么特别之处，不过沿着山丘爬上城堡时，你会发现在这个现代化都市里，竟然还会有一处古老的住宅区，仿佛从来没有受到外界的干扰，与世无争地存在着。破旧的房屋、狭窄的巷弄，人们还过着传统的生活，妇人们坐在自家门前编织手工艺品。也有一些纪念品店、咖啡屋等为这个古老的住宅区增添了新的气息。

# 以弗所大剧院

　　以弗所大剧院（Ephesus Theatre）是以弗所城的一座标志性建筑。大剧院沿山坡而建，可以容纳2.5万人，融合了希腊和罗马两种风格：半圆形、沿着山坡而建是希腊特色，拱形门的入口又保留了罗马风格。从舞台开始，坐席上每一排都比前一排更加倾斜陡峭，不论在哪个位置都可以清晰地听到舞台上的声音。

- **地址**　Site entry 4 km (21/2 mi) west of Selcuk on Selcuk-Ephesus road, Ephesus, Turkey

# 塞尔苏斯图书馆

塞尔苏斯图书馆（Celsus Library）建于 2 世纪，是小亚细亚的罗马统治者乌斯·塞尔苏斯的儿子安奎拉·塞尔苏斯继任后，为纪念父亲在其陵墓旁修建的一座华美的图书馆。图书馆墙上的壁龛藏有约 1.2 万册图书，是拜占庭时期世界三大图书馆之一。远古的遗迹和图像得以清晰地保留，足以显现出其原貌的气势恢宏。

🏠 **地址** Efes Selcuk Merkez

# 赫拉波利斯遗址

赫拉波利斯（Hierapolis）是 2 世纪时由帕加马王朝所建，这里有异教徒、罗马人、犹太人和早期基督徒的各种建筑风格，并且融合成一个安纳托利亚式的整体，包括拜占庭教堂遗址、阿波罗神庙地基、罗马剧场、大墓地等景点。其中，罗马剧场是一座占地面积很大的露天圆形剧场，顺山势而修建。古代公墓里的陵墓都是用大理石块堆砌而成的，雕刻精致的大理石石棺曾埋葬着许多有社会地位的人物。

🏠 **地址** Merkez
💲 **门票** 3 里拉

# 安塔利亚钟塔

安塔利亚钟塔矗立于安塔利亚老城区的入口,是安塔利亚的重要地标。塔身呈五边形,其棱角层次分明,充满了伊斯兰风格和古典美感。钟塔原本属于古老城墙的一部分,从罗马时期、赛尔柱时期到奥斯曼时期,这个钟塔都有不同的用途。游客在此地可以较为集中地欣赏清真寺、哈德良门和古城墙等建筑。

**地址** Tuzcular Mh., 07100 Muratpaşa/Antalya

# 哈德良门

从安塔利亚的新市区进入旧市区,便可看到古城的正门——哈德良门(Hadrian's Gate),它是在罗马皇帝哈德良统治时期建造的,是一座大理石建筑,在它的周边仍残留部分古城墙。由于很容易找到,哈德良门被很多老城区的家庭旅馆作为路线的起点标志。由于三道拱门和石柱都雕刻精美,哈德良门也被称作"三拱门"(Uckapilar),来往于此地的游客经常会在此合影留念。游客可以登上位于大门右侧的高塔俯瞰老城区的景色。

**地址** Barbaros Mh., Muratpasa, Antalya
**交通** 可乘坐有轨电车在三拱门(Uckapilar)站下车

### 管家提示

夏天旺季时人比较多,建议早上就去售票处买票,争取第一批进入景点内参观,这样不仅可以避开拥挤的人群,还可以慢慢观赏里面的藏品。特别要注意的是,很多宫殿内都不允许拍照。

# NO.4 博物馆之旅

### 过来人经验谈

**Summer冷·女·每座城市都有自己的温度**

我们直接从老城区打的去了安塔利亚博物馆，20里拉，很近。除此之外安塔利亚特的单轨电车也可以到达，终点站便是博物馆，可以体验一下。

**黛尽青丝·女·吃是旅行最重要的组成部分**

安塔利亚博物馆非常大，展示着从石器时代、青铜时代一直到拜占庭时期的文物。给我印象最深的还是雕像厅展示的各种半身雕像，看起来非常真实。以前涉猎过希腊神话，对人物有一些了解。建议租一个讲解器，有中文的，15里拉。其实我们都看不太懂，只当是过来感受一下，粗略地了解一下。

PART 7 土耳其主题游精选

# 伊斯坦布尔考古博物馆

伊斯坦布尔考古博物馆（Istanbul Archaeological Museums）由土耳其的国际考古学专家哈姆迪·贝伊一手创建。整座博物馆分为新旧两馆：旧馆陈放的主要是收藏品；新馆的一层展示的是拜占庭时期的雕刻和伊斯坦布尔周边城市出土的文物和雕刻，二层展示的是在伊斯坦布尔发现的雕刻，三层是特洛伊时期的古董和旧石器至新石器时期的出土文物，四层是塞浦路斯、叙利亚、黎巴嫩等国的陶器和石像。

- 地址　Cankurtaran Mh., Alemdar Cad, Fatih, Istanbul
- 交通　乘 T1 有轨电车在 Gulhane 站下车
- 门票　10 里拉，12 岁以下免费。使用伊斯坦布尔博物馆通卡可免费参观一次，通卡价格 85 里拉
- 时间　周二至周日 9:00 ~ 17:00，售票处 9:00 ~ 16:00，周一闭馆
- 网址　www.istanbularkeoloji.gor.tr

# 土耳其和伊斯兰艺术博物馆

土耳其和伊斯兰艺术博物馆（Museum of Turkish & Islamic Arts）几乎拥有伊斯兰所有时代和所有不同种类的艺术作品，馆中收藏品数量已经超过 4 万件。这里不仅聚集了土耳其及伊斯兰世界的传统工艺美术作品，还有地毯、手写稿和书法作品、各类工艺品，再现了当时游牧民族的生活状态。另外，在露台上还可以看到蓝色清真寺的正面景观。

- 地址　Meşrutiyet Caddesi 65 Tepebaşı
- 交通　乘坐 T1 有轨电车至 Karaköy 站下车
- 门票　7 里拉，12 岁以下免费
- 时间　周二至周六 10:00 ~ 19:00，周日 12:00 ~ 18:00，周一闭馆
- 网址　www.muze.gov.tr

# 安纳托利亚文明博物馆

安纳托利亚文明博物馆（Museum of Anatolian Civilizations）收藏着安纳托利亚遗址中发现的各种文物，展现了土耳其不同时期的不同辉煌文明。藏品包括新石器时代以及青铜器时代的文物，还包括多个历史时期的金、银、青铜器和钱币等文物，这些都是非常珍贵的文化遗产。

- **地址** Necatibey Mh., Ankara
- **门票** 30 里拉
- **网址** www.anadolumedeniyetlerimuzesi.gov.tr

### tips

博物馆附近的纪念品商店里还会买到刻有楔形文字的黏土板，可以当作小礼物送给朋友。

# 安卡拉国家油画及雕塑博物馆

安卡拉国家油画及雕塑博物馆（State Art and Sculpture Museum）是根据土耳其国父阿塔图尔克的指示建立的。如今博物馆已经成为一个艺术中心，陈列着大量艺术家们的油画和雕塑作品，他们为土耳其的艺术发展做出了重大贡献。博物馆里还有一所极具历史意义的会堂，在这里经常举行各种活动，如音乐会、话剧、电影等。此外，博物馆内还有快餐厅、小卖部等。

- **地址** Hacettepe Mh., Ankara
- **电话** 0312-3102094
- **门票** 免费
- **时间** 9:00～12:00, 13:00～17:30（周一休息）

## 布尔萨城市博物馆

布尔萨城市博物馆（Bursa Citi Museum）建立在布尔萨法院的基础之上。博物馆共有两层，第一层集中展示布尔萨市城市的历史文化，同时还伴有土耳其皮影戏的录像播放；第二层展示奥斯曼帝国时期的民间艺术品、工艺品，极具艺术价值。

- **地址** Kayhan，Atatürk Cad. No:8，16230 Osmangazi/Bursa
- **门票** 1.5 里拉
- **时间** 9:30～17:30

## 费特希耶博物馆

费特希耶博物馆（Fethiye Muzesi）收藏的物品大部分都是从周边地区发掘出来的文物，馆内分为考古文物展厅和民间工艺品展厅。考古文物展厅里所陈列的物品都按照编年顺序陈列，大部分都是陶瓷类文物。民间工艺品展厅里收藏着许多手工编织展品，如手工刺绣品、长袍以及该地区特有的银制器皿。

- **地址** Kesikkapi Mah.Okul Sok，Fethiye
- **门票** 2 里拉
- **时间** 8:30～17:00（周一休息）

## 恰纳卡莱考古博物馆

恰纳卡莱考古博物馆位于轮船码头南面2千米处，在通往特洛伊的道路旁。博物馆内收集了周边城市等出土的各种文物，例如水晶护身符和狮子头、高脚杯、红土陶器等。大部分展品都标有信息解说，使人容易了解文物的来源和意义。除此之外，博物馆里还展出衣饰，以及罗马、拜占庭、奥斯曼的钱币等。最值得一提的是大理石石棺，很好地保留了原始的色彩。

- **地址** Barbaros Mh. 17020 Canakkale
- **门票** 3 里拉
- **时间** 9:00～17:00，周一休息

# 伊兹密尔民间文物博物馆

伊兹密尔民间文物博物馆（Izmir Museum of History and Art）主要向人们展示的是 19 世纪伊兹密尔地区的社会生活环境，馆内陈列着当今工业化社会中将逐渐消失的民间手工艺品，如锡、陶器、蓝珠、木版印刷、地毯、毡和皮制作品等。博物馆分为三层，一、二层为博物馆的展示厅，第三层则作为博物馆的仓库、实验室、照片室和办公室。

- 地址　Sumer Mh.Halil Rifat Pasa Caddesi，Smirne
- 门票　4 里拉
- 时间　9:00 ~ 17:00（周一休息）

# 安塔利亚考古博物馆

安塔利亚考古博物馆里有腓尼基殖民地的出土文物，也有葬礼仪式的示范品。众神塑像区是博物馆的重头戏，收藏了大量 2 世纪的作品。游客可以在这里近距离欣赏到在佩尔盖挖掘到的宙斯雕像，以及在附近罗马浴池遗迹中出土的雅典娜雕像。

- 地址　Bahcelievler Mh.0
- 交通　从旧市区乘坐有轨电车至 Muze 站下车
- 门票　15 里拉
- 时间　夏季 9:00 ~ 19:00，冬季 8:00 ~ 17:00，周一闭馆
- 网址　www.antalyamuzesi.gov.tr

## tips

安塔利亚考古博物馆不可错过的诸神塑像展厅里所展出的神像几乎都出土于古城柏吉（Perge），包括主神宙斯（Zeus），以及环绕着他的阿芙罗狄蒂（Aphrodite）、泰坦（Tykne）、雅典娜（Athena）、复仇女神（Nemesis）、伊提吉亚（Itygieia）、赫耳墨斯（Hermes）等，其中舞者和赫尔墨斯这两座神像，无论是雕刻的艺术还是神像的神态等，都属于罗马时期最杰出的作品之一。另外，头戴月桂冠的阿波罗头像，历经千年神情却依旧栩栩如生，拥有极高的艺术价值，被奉为博物馆的镇馆之宝。

# 以弗所考古博物馆

以弗所考古博物馆是来到塞尔丘克一定不能错过的博物馆。以弗所不仅是建筑遗址，更出土了众多具有价值的文物，其中许多收藏在这所博物馆里，包括雕像、马赛克镶嵌画、湿壁画、钱币等，并且以住宅、泉、墓地等类型分隔开来，周边还配有细致的复原图，重新塑造了生动繁复的古城景象，令人一目了然。

- 地址　Selcuk, Turkish Aegean
- 门票　7 里拉
- 时间　夏季 8:30～19:00，冬季 8:00～17:00
- 网址　www.ephesus.us

### 管家提示

绝大多数的博物馆除了周一每天都向公众开放。皇宫也大多在周一关闭，但著名的托普卡帕皇宫（Topkapi Palace）却是在周二闭馆。在博物馆或者古代遗址拍照片是要收取一定费用的，费用的高低按照门票的多少作具体规定。在安卡拉，绝大多数博物馆在宗教节日的第一天都是闭馆的。

文物古迹和博物馆管理总局（Ministry of Culture, Mosque General Directorate）
网址：www.kultur.gov.tr

# NO.5 人文生活之旅

## 过来人经验谈

**小懒猫·女·慵懒才是旅行的真谛**

伊斯坦布尔的大巴扎里卖各式各样的纪念品,不过价格水分很大,砍价的时候千万不要心软。

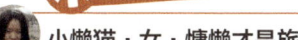

**凡夫俗子·男·老骥伏枥,志在千里。烈士暮年,壮心不已**

伊斯坦布尔的大巴扎规模很大。问了当地人,说大巴扎外围的几条街都属于大巴扎的范围。大巴扎的商品价格水分很大,我们砍价砍一半都能拿下,所以感觉仍砍少了。当地人都是去大巴扎很里面的中心地带买东西。

PART 7 土耳其主题游精选

# 大巴扎

伊斯坦布尔的大巴扎规模很大，且历史悠久。市场主要经营土耳其当地特色产品，如围巾、金饰品、地毯、银器器皿、古色古香的铜器以及琳琅满目的纪念品等。有些店铺还会出售一些土耳其当地的美食，如烤肉和卷饼等。大巴扎据说是世界上最大、最古老的巴扎之一。整个集市纵横跨越七八个街区，店铺鳞次栉比。

- 地址　Beyazit, Istanbul
- 交通　可乘 T1 有轨电车在 Beyazit 站下车
- 营业时间　8:30 ~ 19:00（周日休）
- 网址　www.kapalicarsi.org.tr

# 埃及巴扎

埃及巴扎又称香料集市，因曾经是埃及贡品市场而得名。这里有各种调料和天然药材，摆着各色艳丽香料的店铺比比皆是，让人赏心悦目。每种香料的包装都很精美，供游客选择。

- 地址　Kariye Camii Sokak, Edirnekapi
- 交通　乘坐 T1 有轨电车 TRAM 在 Eminonu 站下车
- 营业时间　8:00 ~ 19:00（周日休）

## 海赛克胡伦公共浴场

　　海赛克胡伦公共浴场（Hamam Of Haseki Hurrem）的建筑很有特色，为狭长的长方形。男女浴场分开，西端大穹顶下的方形空间为冷水浴场，靠近隔墙的八角形空间为热水浴场，二者之间的三个小穹顶是温水浴场。女浴场尤为独特，采用了通道式入口处理，设计十分巧妙。

🏠 地址　Hamam of Haseki Hurrem，Istanbul

## 千百里塔石土耳其浴室

　　千百里塔石土耳其浴室（Cemberlitas Hamamai）是一座历史悠久的土耳其浴室，圆顶的浴室融合了罗马和拜占庭浴室的风格，形成现在独有的特色。躺在大理石上炙烤，便能益气活血、舒筋通脉；再做一次惬意的按摩，绝对是无比的享受。

🏠 地址　Cemberlitas Hamamai，Yerebatan Caddesi 13，İstanbul

### tips

　　在千百里塔石浴室沐浴只需28里拉，如果是沐浴加按摩则需要48里拉。营业时间是6:00～24:00。

# 帕穆卡莱温泉

　　帕穆卡莱温泉（Pamukkale Thermal）位于棉花堡景区的正中心，从古代起，帕穆卡莱温泉池就被人们所熟知。进入帕穆卡莱温泉池要先赤脚前行200多米才能到达上方平台。犹如白雪一般的天然阶梯呈现半圆形层层叠叠，从远处看就像软绵绵的棉花云矗立在山丘上；潺潺的泉水从高处往下流淌，池子里侧卧着许多大理石柱清晰可见，还可以清楚地看到从泉眼处涌出的温泉水形成的水泡。这里的泉水富含矿物质，包括钙、铁、钠等，据说沐浴和饮用都有治疗疾病的效果。这里温泉水常年不断地喷涌而出，水温在35℃左右，有些地方深达4～5米。温泉还设有更衣室，需要自己携带浴巾。

- 地址　Pamukkale
- 门票　18里拉
- 营业时间　夏季8:00～19:00，冬季8:00～17:00
- 网址　www. Pamukkalethermal. com

# 古罗马浴场遗迹

　　古罗马浴场遗迹（Roma Hamami）就在安卡拉昌克勒大街对面。这座罗马浴室是在3世纪由卡拉卡拉大帝下令修建的罗马式大浴场，遗址沉睡了千年，直到1939年才被偶然发现。浴场遗址的各项功能依然清晰可见，包括更衣室、冷水池、温水池、蒸汽室、温泉等。到了安卡拉一定要来这个地方，中文耳机解说很贴心，可以了解到古罗马时期罗马人打到英格兰地区的故事。

- 地址　Turkish the Urus areas Chang grams of Day Street
- 门票　5里拉

**管家提示**

　　来帕穆卡莱一定要泡温泉，但是如果皮肤敏感的游客可能会被石灰水灼伤。在石灰温泉水中浸泡时，可能会有部分皮肤出现红肿和痒痛等情况。不用着急，也不用涂抹任何药物，经过一晚上的休息，第二天症状就会消失。

# NO.6 自然风光之旅

## 过来人经验谈

**黛尽青丝·女·吃是旅行最重要的组成部分**

我们到达棉花堡的时候太阳非常晒。土耳其中部及南部中午的太阳是相当毒辣的，简直要把人晒掉皮。酒店前台的黑人小哥告诉我们，住在这里的游客一般选择下午五六点钟再出门，从山顶门出发游玩，到石灰岩地带的时候刚好能看到日落。事实证明这是一个比较舒适的旅程，如果不住在棉花堡的话，白天逛石灰岩地带，白色的碳酸钙反射阳光会很晒。推荐住在棉花堡一晚，慢慢游玩这个神奇的地方。

**墨染殇雪·男·爱生活，爱旅行**

棉花堡景区由希拉波利斯古城与石灰岩景区组成，北边还有一个温泉区和大剧院，由于我们时间并不是很充足，所以放弃了北边，选择了从Upper Gate（山顶门）先游希拉波利斯古城，然后一路下山游石灰岩地区，最后返回酒店。镇中心有一种小巴（*MiniBus*）到Upper Gate，可以让他们带你坐车去酒店。

PART 7 土耳其主题游精选

## 博斯普鲁斯海峡

博斯普鲁斯海峡（Bosporus）又称伊斯坦布尔海峡，海峡将土耳其分割成亚洲和欧洲两部分。搭乘观光船游览海峡一圈，可以看一看沿途两岸秀丽的风光，想象一下过去与现在、豪华与朴素交织的景象。乘坐游船游览时，很多的海鸥会在船边飞翔，好像期待着游客能分给他们一些食物，运气好的话还可以看到海豚在海里跳跃。

- 地址　可乘 T1 有轨电车在 Eminonu 站下车
- 营业时间　全天

## 帕穆卡莱

帕穆卡莱（Pamukkale）又名棉花堡，除了惊人的自然景观外，还有闻名世界的温泉水，每年都吸引着成千上万的游客前来游览，并在这里沐浴疗养。赫拉波利斯与棉花堡紧密相连，是帕加马王朝的遗址。这座古建筑的遗址给帕穆卡莱增添了神秘色彩，遗址中有残留的罗马剧场、公共浴室以及阿波罗神殿等，每一个古建筑都证明了那朝那代的繁荣与昌盛。它于 1988 年被列为世界自然与文化遗产。

- 地址　Pamukkale,Turkey
- 交通　从伊斯坦布尔乘坐飞机约 1 小时 10 分钟可到代尼兹利（Denizli）机场。在机场换乘机场大巴约 1 小时可到

## 达达尼尔海峡

达达尼尔海峡（Dardannelles Campaign）为东北—西南走向，古称赫勒斯滂，是紧扼黑海和马尔马拉海进入地中海的咽喉，也连接着马尔马拉海和爱琴海。这里是亚洲和欧洲的分界线之一，交通和战略地位都异常重要，自古以来为欧亚两洲兵家必争之地。海峡景色十分漂亮，吸引了众多游客乘船观光。

- 地址　Dardannelles Strait，Canakkale
- 交通　从伊斯坦布尔、伊兹密尔乘坐长途巴士到恰纳卡莱，从巴士站乘车前往市中心约 15 分钟，从市中心步行可到

## 博兹贾岛

博兹贾岛（Bozcaada）上虽仅有2000多人居住，但是吸引游客的景点很多。该岛以生产葡萄酒而闻名，岛上到处是一片片的葡萄园，空气清新，景色宜人。在美丽的城墙下是静静的渔村，小路通幽，意境很美。游客在这里可以度过幽静的假期，当然也可以进行海水浴。夜晚在当地餐馆可以一边品尝新鲜的海鲜美食，一边享受美味的葡萄酒。

## 滨海散步大道

从科纳克广场沿着海边一路向北走，宽阔的大道就是伊兹密尔最悠闲浪漫的地方。大道两旁被棕榈树点缀着，一边是一排排的商店，一边摆满了露天座椅，坐满了人。这里是人们聚集和散步的好地方，聊天的、喝咖啡的、喝茶的、抽烟的、下棋的，或情侣，或三五好友，都享受着片刻悠闲。这里还可以观赏到爱琴海落日的美景，到处弥漫着浪漫的气息，让人流连忘返。

## 切什梅

切什梅是伊兹密尔的一个小镇，被湛蓝清澈的蓝色海洋所包围。这里有着被誉为土耳其最美的海滩，你可以在未被污染的海湾游泳、潜水。切什梅城堡是苏丹巴耶塞特二世时期为了防卫港口安全而建造的，这座城堡还是著名的切什梅海战的唯一历史见证者，现在城堡前面有一头狮子雕像，雄伟威武。这里吸引了很多海外游客前来，现已经成为土耳其爱琴海沿岸最热闹的度假胜地之一。

### tips

狩猎是切什梅最有趣最刺激的户外冒险活动，这里还有很多鹧鸪和野兔。切什梅商队客栈由苏丹苏莱曼大帝在1529年建造，共有两层。切什梅温泉海滩距离切什梅5千米，泉水恒温58℃，富含氯化钠、氯化钾和氯化镁，有治疗功效。

###  管家提示

土耳其有众多或壮观或奇特的自然风光，行走在其中能感受到大自然的奇妙。但在游览过程中一定要时刻注意保护好眼前的这一片美景，要文明游玩，千万不要留下垃圾，更不要乱写乱画。

# Part 8
## 突发情况 从容应对

# NO.1 物品丢失怎么办

 **过来人经验谈**

 **黛尽青丝·女·吃是旅行最重要的组成部分**

我们从伊斯坦布尔坐大巴到达费特希耶的车站后，同车的一个女孩丢了钱包，而一对小夫妻丢了护照和钱包。他们都是坐在大巴后面几排的，把包放在了大巴座位上面的行李架上。我在车站看到一个警察就向他报了警，他了解情况后让大巴公司工作人员先到车上找，然后帮我们叫了出租车到警察署。到警察署后，警察一直听不懂英语，说让我们等着也不给解释，说翻译和其他警察会来。等了一个多小时，来了两位会说英文的警察，明白情况后就让我们回酒店等消息，说是他同会会领我们办理手续。但他一走，另外一位警察又不懂我们讲什么，又等了半个多小时，翻译终于来了。原来，只是填写一张申请书，陈述丢失的东西，就一张表格，翻译确认过后由警察和翻译签字认可。我们联络了大使馆，说只需要出具该申请书，那对小夫妻明天就可以回国。他们当天就回了伊斯坦布尔找到大使馆，大使馆根据申请书证明联络国内公安局确认身份，便开具了旅行证明让他们回国。正常情况下即使加急也需要2~3天，但在大使馆人员的努力下，当天就办好了。所以，如果大家万一丢失护照也不要着急，坦然面对便可。

 **说书人·男·走过一片土地，爱上那一群人**

在外旅行，我也总是会丢东西，墨镜、围巾、雨伞和手机都不知道丢过多少个了，还好我有使用腰包的习惯，护照、信用卡这类东西都还没有丢过。其实只要钱和证件不丢，别的都好说。

## ★ 机票丢失

**1 机票挂失**
在国内，机票丢失可直接打电话到对应的航空公司挂失，然后到柜台换领新的机票；在土耳其丢失，可到航空公司在当地的办事处办理替代机票。如果是电子客票遗失了，则无须挂失，可凭护照直接登机。

**2 补办机票**
带机票复印件到对应的航空公司在当地的办事处办理挂失和补开替代机票。

**3 申请退费**
若没有原机票复印件，可以另外买机票回国，回国后再到原航空公司填写遗失机票挂失申请单。如果遗失的机票没被盗用，一定期限后，可向航空公司申请退费。

## ★ 护照丢失

**1 第一时间到当地警察局挂失**
一旦发现护照丢失，要尽快去当地的警察署报案挂失。土耳其警方出具的护照丢失证明是办理旅行证或护照的必备材料之一。报警的时候可以直接到警署报案，也可以拨打当地的报警电话，一般当天即能拿到警察署的证明。

**2 申请补办护照或旅行证**
在遗失护照后，要到中国大使馆或总领事馆补办护照或旅行证才能回国。旅行证是和护照等同大小的蓝本，除个人信息外都是空白签证页。一般空白旅行证只能在回国时使用，必须和护照复印件及土耳其警方出具的护照丢失证明共同使用。需要注意的是，持临时证件的人士不能从香港入境。

> **tips**
> 如果发现护照不见了，先回想一下出行路线，若遗失在车上、餐厅或酒店，找回的可能性比较大。如果被偷后能及时发现，可沿路返回寻找，小偷大多只对钱感兴趣，无用的卡片、证件等则会随手丢在附近。不要错过垃圾桶，还要通知现场的警察和工作人员，请他们协助寻找。

## tips

1. 只出示空白旅行证，上面并无特殊说明，查证件人仍然会认为你持有的是空白护照，如无警察出具的护照丢失证明，仍然会被认为是持空白护照非法入境。因此，警方出具的护照丢失证明不可丢失。

2. 出国前将相关身份证明先做好备份，并随身带上复印件。最好的办法是将身份证复印件、护照首页和签证页、户口本、机票行程单拍照，备份在邮箱中。

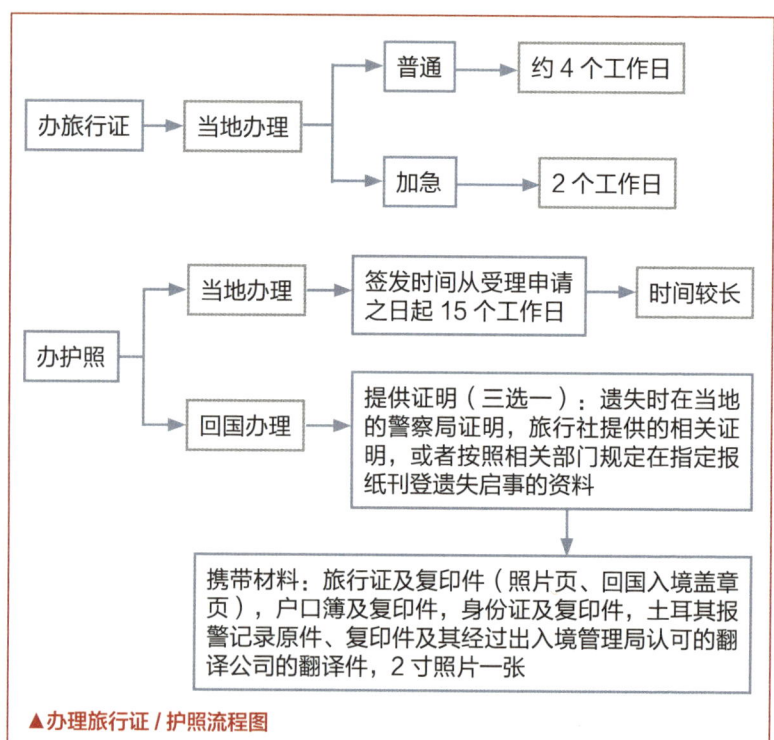

▲办理旅行证/护照流程图

## ★ 银行卡丢失

如果在土耳其丢失了信用卡，就要立即打电话至发卡银行的24小时服务中心，办理挂失与停用。出国前，最好先确认发卡银行的挂失止付电话。如果你已经带了足够的现金和旅行支票，那就等回国后再申请补发。同时，你也可以与当地信用卡公司的办事处或合作银行取得联系。你可以把地址告诉发卡银行，让他们把补发的信用卡邮寄过来，但是一般需要7~10天的时间。

**1 拨打电话挂失**
拨打所持信用卡国际组织的 24 小时海外紧急支援电话,办理挂失。

**2 紧急取现**
若需要,每家信用卡发卡行取现金额上限不同,仅限一次。

**3 紧急补卡**
问清补发所需时间和手续,告知对方在土耳其的地址,办卡通常为 1~2 天。失卡人可在指定的当地发卡机构领取紧急替代卡。紧急替代卡仅供一般消费,无法取现,有效期一般为两周至一个月。

> **tips**
> 1. 出发前把发卡金融机构的名称、客户服务号码以及信用卡账号记录下来,以便需要时翻查。
> 2. 紧急取现和紧急补卡都要收取服务费。Visa 和 Mastercard 金卡在境外补发替代卡时不收服务费,普通卡的这两项服务都要各自收取 175 美元/笔的手续费;由于持卡人自身原因未领取替代卡或申请替代卡被拒,银行仍将收取 50 美元/笔的服务费。

### 信用卡丢失后应该怎么做

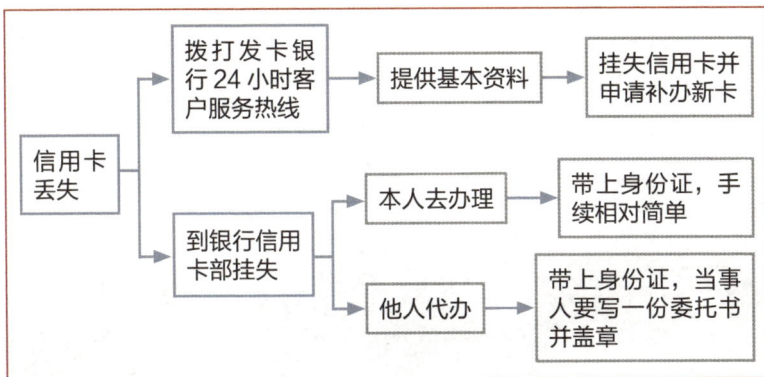

## ★ 行李丢失

在旅行中可能遗失行李,你可以在行李上做一些独有的记号,这样会为你找回行李提高成功概率。如果在饭店、汽车或是火车上被偷或是丢失,饭店或是铁路部门会给你开具丢失证明。如果在机场丢失,机场会先让你填写一份行李遗失表,然后帮你寻找。登记的遗失表最好保留一份副本,行李如果实在找不到,航空公司会按照规定给予赔偿。

## ★ 遇到小偷

如果遇到了偷盗或者被抢这样的犯罪案件,首先一定要马上向当地警察报案。如果是在街上发生这样的事。千万不要亲自去抓小偷,这是对自己的保护。而如果是在住处遗失物品,首先要通知酒店人员,如果不能妥善解决,就要找警察前来处理。如果丢失了贵重物品,还要申请开具被盗证明书,以便以后向保险公司申请索赔。

**管家提示**

中国驻土耳其大使馆
地址:G o lgeli Sokak, Gaziosmanpaşa, Ankara, Turkey
电话(总机):0312-4360628
24 小时值班电话:0539-3374676
传真(总机):0312-4460748
办公时间:周一至周五 9:00 ~ 12:00,15:00 ~ 17:30
领事签证开放时间:周一、周二、周五 9:30 ~ 12:00
网站:www.china-embassy.org.chn

# NO.2 如何应对身体不适

> 过来人经验谈

 说书人·男·走过一片土地，爱上那一群人

在土耳其的时候，同行的朋友被猫抓伤了。本来是打算这天跟团一日游，但因为要去医院问疫苗的事情，所以决定还是自己游玩。作为医学生，且刚在国内医院见习结束的我，对于土耳其的医院还是很感兴趣的。土耳其的医院很安静，气氛有点严肃，有种美剧中的感觉。前台的咨询员倒是特别有耐心，因为语言不通而且涉及很多专业词汇，所以当时在医院艰难地沟通了很长时间。还好最后同行朋友没什么大碍，我们才放心继续踏上旅途。

## ★ 去哪里买药

出发前，可以准备一些常见的药品，如感冒药、肠胃药等。如果在旅馆感觉身体不适，可求助于旅馆的工作人员，尽量安排医生或者到就近的医院就医。如果在旅行的路途中不舒服，应让身边的人叫救护车或者前往就近的医院。

在土耳其，药品有非处方药（OTC）和处方药的区别，非处方药不需要医生开处方，可直接到药店买药；处方药需医生开处方才可抓药。

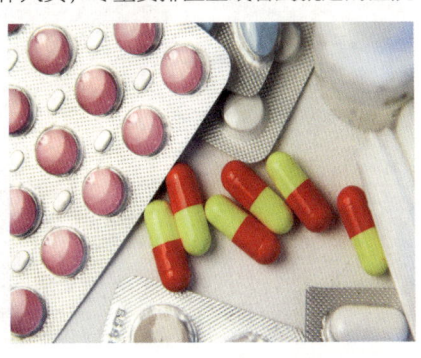

PART 8 突发情况从容应对

| | | | |
|---|---|---|---|
| 非处方药 | 常见药 | | 治疗头痛、胃痛、腰痛、咳嗽等病症的非处方药 |
| | 购药场所 | 大型连锁店 | 沃尔玛、塔吉特百货等大型连锁店，或一些大型的连锁食品超市，这些药店一般都有药剂师负责回答购药者购药的问题，药品价格适宜 |
| | | 便利商店 | CVS Pharmacy、Rite Aid Pharmacy 和 Walgreen Pharmacy 等便利商店，如标有 Pharmacy（药房），通常都卖药 |
| | | 加油站 | 许多加油站都设有便利店，一般都出售常见的非处方药，通常 24 小时营业，药品价格不算贵 |
| 处方药 | 开处方 | 急诊 | 可到就近医院的急诊室就医，医生会根据病情需要开具处方药 |
| | | 非急诊 | 可预约附近社区的诊所或医院就诊 |
| | 抓药场所 | | 凭有效处方，可以在医院的药房或医院外的药店抓药，药店价格略有不同，在药房，药剂师会告之吃药的时间 |

▲土耳其买药流程图

★ **食物中毒**

如果只是轻微食物中毒,可先试着喝大量水,清理肠胃;上吐下泻症状差不多结束之后,再吃点止泻药;若比较严重,可请求别人帮忙,到附近社区的诊所或医院就诊。

★ **普通感冒**

在去土耳其前,可以准备一些常见的治疗感冒的药品。出现感冒症状时,可先吃药缓解下,再好好睡上一觉,补充体力。

★ **突发疾病**

可求助身边或附近的人员,帮忙叫救护车或前往附近的医院,尽量安排就医。若为慢性病发作,在国内需提前准备并携带英文诊断书,让当地医生尽快做出判断并治疗。

**管家提示**

土耳其面积还是很大的,各个城市之间的距离较远,在土耳其旅游难免舟车劳顿。在日程安排上一定要保证充足的休息,不可过度劳累,否则很容易引起身体不适。

# NO.3 其他突发事件

### 过来人经验谈

 **小懒猫·女·慵懒才是旅行的真谛**

对于我们住在北京城里,到处是免费的公共厕所的人来说,在土耳其上厕所都要收个1里拉的费用有点不习惯。这些厕所基本上都打扫得很干净,提供洗手液、擦手纸。有的厕所设置一个像景区闸口一样的设备,投币才能进去。去土耳其上个厕所不晓得花了多少钱。2个人分别上2次厕所,10块多人民币就没了。

 **朕是女汉子·女·时尚女青年**

土耳其除了景区和机场的服务人员英语熟练之外,很多本国人都不会英语,就算会英语很多人说的也是印度式英语,有厚重的口音,所以建议大家去之前对土耳其的一些基本用语和发音都作些了解,比如熟记车站、机场等地的土耳其名字,因为土耳其的车站报站时使用英文和土耳其文,但是指示牌都是以土耳其文为主。问路尽量问年轻人,年轻人熟悉英文的比较多,反正不懂的就多问问。土耳其人都很热情,即使他们不知道那个路在哪里,他们还会问其他人,特别令人感动。

 **Summer冷·女·每座城市都有自己的温度**

我去土耳其的时候,还是碰到过几次比较紧张的情况。旅行第二天在塔克西姆广场碰到有集会,周围很多持枪警察在警戒,我们一到广场马上就打的离开了,所以有点可惜没有逛独立大街和塔克西姆广场。欧洲区非常平静,去了亚洲区气氛就有一点压抑,游客最好远离聚集的人群,以免发生意外。

第二次是在安塔利亚的钟楼广场，我们从沙滩回来的时候司机在这里把我们提前放下了，我们一走才发现广场里面聚集了大批拿着不明旗帜的人群，我们自然是赶紧离开。返回途中发现很多个街区都被封锁了，有大批防暴警察与持枪警卫在警戒，局面还是挺紧张的。

**黛尽青丝 · 女 · 吃是旅行最重要的组成部分**

2015年7月初土耳其进行了反华游行，当时上推特和Facebook查了一下，感觉还是小规模行为，所以也不是很担心。事实上，土耳其人民是很热情友好的。

**凡夫俗子 · 男 · 老骥伏枥，志在千里。烈士暮年，壮心不已**

土耳其旅游业挺发达的，最近也与中国方面开展旅游的合作。我在土耳其也经常见到中国游客，安全问题不必多虑。2015年年底土耳其东部局势有所恶化，不过针对的是其国内恐怖组织与一些邻国的摩擦，与中国没有什么关系。大家安排行程不要去土耳其东部的地方游玩就行。

## ★ 迷路了怎么办

在旅游途中如果发现自己迷路了，首先要停止脚步，观察下周围，仔细回忆来时的路，想想有没有标志性的建筑，切记不要盲目前行。如有地图或是指南针，先确定下自己所在的位置，大概找出住宿地的方向，看看周围是否有相关的地理标志。如果旁边有人，可以礼貌地询问。实在不行，可以拨打电话155向警察求助。单身旅行者或几个人结伴旅行时，建议不要在大街上把地图摊开进行研究，否则容易成为坏人尾随的目标。

## ★ 卫生间的那点事

在土耳其学会厕所的使用方法也是很有必要的，一般大城市的中高档酒店，使用的厕所都是西式的，大都类似于国内厕所，这种厕所对于我们来说很简单，但是如果在地方旅馆、大众餐馆的公共厕所等，这些地方几乎都是使用土耳其式厕所，这种厕所是蹲坑式的，旁边会有一个水龙头，并有一个小型水桶，如厕后要用它清洗。土耳其厕所一般是不会提供卫生纸的。

**管家提示**

在土耳其上厕所，千万不要将用过的纸扔进下水道。土耳其厕所的排水管很细，如果卫生纸扔进下水道内，则会造成堵塞，那将会是一件非常麻烦的事。

# 专题：带小孩游土耳其

## ★ 签证

**1 父母已经有签证**
小孩子需要准备护照、签证表确认页、出生证明复印件、照片、父母护照及签证页复印件。

**2 父母没有签证**
父母需携带孩子的护照、照片、资料表确认页、出生证明复印件等，如父母只有一方去办理，需提供另一方的手写声明，预约好面签时间，按时去土耳其使馆递交材料即可。

## ★ 机票

国内航空公司规定婴儿必须出生满14天后才能登机，以免呼吸器官无法适应。购买婴儿票须告知出生日期，2周岁以下的婴儿，婴儿票一般是正价的10%，没有燃油和民航基金费，无座位。已满2周岁而未满12周岁（以起飞日期为准）的儿童，按成人普通票价的50%付费，有座位。

**1 座位选择**
换登机牌时，提前声明自己带有孩子，尽量让工作人员安排在人少的地方或者靠舱壁的座位。带孩子最好坐在靠边的位置，可把毛巾放在前面的地板上，让孩子在上面玩耍。

**2 儿童或婴儿餐**
部分国际长途飞机提供儿童或婴儿餐，需要在购票时说明需要婴儿餐，不说就没有。

### 3 生理安全

起飞和降落时，小孩耳膜容易受影响，可给小孩喂奶、喝水、吃东西等，尽量让小孩张开嘴，让耳膜受气压平衡就好。

### 4 整理清洁

若小孩需要换尿布，一定要带到卫生间处理。飞机两边的厕所，都带有婴儿更换尿布的放板。

### 5 随身携带物品

带好婴儿食品，以备不时之需；飞机上较干燥，带上湿纸巾。如果怕小孩哭闹，可以准备小孩平时喜欢的图画书或不出声的玩具，还可以准备一些小孩喜欢吃的零食。

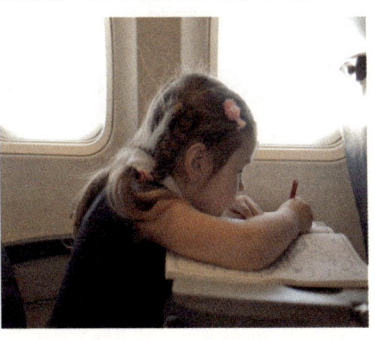

**tips**

要注意，孩子享受五折票价是固定要求，比如成年人买票时享受了2折优惠，而孩子还是得按照5折来付费，有时候比较吃亏。

### ★ 游玩

设计线路时候要考虑行程尽量轻松，不能让小孩子太过于劳累。在行程中尽量安排一些有趣的旅游点。如果天气不好，可安排到博物馆等室内场所游玩。如果租车自驾游，儿童要坐安全座椅。

### ★ 购物

和家长走散是带孩子出境游玩时多见的问题，而被人有意抱走更是家长非常担心的问题，预防和解决这些问题的办法很多。父母要和孩子一起在出行前做好各种准备。

1. 给孩子准备一部只能打电话、发短信的超长待机手机，开通国际漫游（不要能玩游戏的，防止孩子忍不住玩，耗尽电量），教会孩子使用，手机里面存上父母的联系方式、孩子爷爷奶奶、姥姥姥爷、中国公安局、土耳其警察局的电话，让孩子多次练习从土耳其往中国拨打电话的办法，万一孩子打不通土耳其的电话、听不懂英语，这种办法能救孩子。

2. 让孩子熟背父母的手机号、住宿地的名称（最好能写下英文），防止手机丢失或者被抢走而联系不上亲人。

3. 父母准备一个公交卡套，里面放上全家人的合影，合影背面用笔写上

父母的姓名、电话号码、住宿地的名称，并且在卡套上准备结实的挂绳，在孩子内衣裤（每一件都要）上缝兜，放置有上述信息的卡片（用保鲜膜裹上）和50美元现金（不要怕孩子乱花，给孩子讲清楚用处，这些钱能救孩子的命）。给孩子配备防丢手环等。

4. 让孩子牢记土耳其警察的装备、警察局的标志、正式出租车的标志等。

## ★ 饮食

### 1 提供儿童餐的餐厅
在土耳其，有很多专门提供儿童餐的用餐场所，并提供专门针对儿童的特制菜肴。在有些餐厅，一定年龄以下的儿童甚至能免费用餐。餐厅一般都有儿童座椅，有些还提供玩具。在一些特色的主题餐厅，还有卡通人物现场表演。

### 2 不提供儿童餐的餐厅
在不提供儿童餐的餐厅，可以提前到餐厅，询问厨房是否可以做小份的菜以及价格，也可以询问是否可以将主菜分到小盘子里给小孩吃。如果小孩对饮食比较挑剔，可以选择到中餐馆、墨西哥和意大利餐厅用餐。

### 3 野餐
如果在一个地方停留时间较长，可考虑到当地的超市或农贸市场采购特色食物和特产，到公园或海滨等地享用。

### 管家提示

**1 准备常用物品**
除了小孩必备的衣服和生活用品外，行李包上一定要随身备好可以保暖和挡风雨的外套或风衣。出发前，建议准备些适合小孩用的感冒药、肠胃药、退烧药、跌打损伤药、蚊虫叮咬药膏等常用药，还可准备一支体温计。

**2 小孩在飞机上哭闹**
如果小孩哭闹，可以递给小孩平时喜欢的图画书或不出声的玩具。如果很难哄，家长可主动向其他乘客表示道歉。

**3 小孩在土耳其身体不适**
土耳其的医药费相当贵，在出国之前可购买旅行伤害保险和医疗保险，带上保险公司所发的小册子，若孩子受伤或生病，可按小册子联系当地的指定机构，一般都能提供中文或英文服务。

**4 不要让小孩离开自己的视线**
带小孩出去游玩，安全第一，不能光顾着玩而忘记小孩的存在，最后导致小孩丢失，一定要让小孩一直在自己的视线范围内。

# 专题：
# 陪老人游土耳其

★ **游玩**

对于老年人而言，一些轻松的游乐环境无疑是最适宜的，而在土耳其，这样的地方数不胜数，各种历史悠久的名胜古迹都是老年人喜欢的旅游景点。

**1 时间选择**

对老人来说，寒冷的冬天和炎热的夏季都不太适合外出旅游，春暖花开的时节最适合老人旅游。土耳其地域广，气候变化大，可根据不同城市或者景点的气候状况，选择出行时间。旅游时间不宜过长，建议以 7～12 天为宜。

**2 行程安排**

旅游会打破老人平时的作息习惯，还要适应土耳其的时差，在行程安排上不宜太紧密，以舒适、慢节奏为主。选择目的地时，除了老人感兴趣、没去过的新鲜地方外，还要考虑目的地的气候、地理条件、舒适度等要素。老人宜多玩水，少游山；多游平地名胜古迹，少一些登高涉险的活动。身体比较好的老人，可适当安排一些难度不大的登山、戏水项目。

## ★ 饮食

老人在外旅游，饮食应以清淡为主，多吃蔬菜水果。对土耳其各地的特色美食，以品尝为主，不宜吃太多。吃海鲜时，肠胃不好的人要谨慎。若吃不习惯当地的菜肴，可到中餐馆吃中餐。

## ★ 住宿

在土耳其住宿，可选择酒店、公寓、汽车旅馆、民宿等，预订时可询问酒店是否有电梯和早餐。入住时，尽量让工作人员安排安静、整洁的房间。老人夜间要有陪伴人员同住，房间最好为标准间，不宜住在人多、声音嘈杂、干扰安睡的地方，以保证足够的睡眠。

安纳托利亚的老人

# Part 9 附录

## ★ 土耳其行政区划

| 土耳其行政区划 | | |
|---|---|---|
| 地区（bölgesi） | 省 | 省会/主要城市 |
| 马尔马拉（Marmara） | 巴勒克埃西尔（Balıkesir） | 巴勒克埃西尔（Balıkesir） |
| | 比莱吉克（Bilecik） | 比莱吉克（Bilecik） |
| | 恰纳卡莱（Çanakkale） | 恰纳卡莱（Çanakkale） |
| | 埃迪尔内（Edirne） | 埃迪尔内（Edirne） |
| | 伊斯坦布尔（İstanbul） | 伊斯坦布尔（İstanbul）<br>苏丹贝利（Sultanbeyli） |
| | 柯克拉雷利（Kırklareli） | 柯克拉雷利（Kırklareli） |
| | 科贾埃利（Kocaeli） | 伊兹米特（Izmit）<br>盖布泽（Gebze） |
| | 萨卡里亚（Sakarya） | 萨卡里亚（Sakarya） |
| | 泰基尔达（Tekirdağ） | 泰基尔达（Tekirdağ）<br>乔尔卢（Çorlu） |
| | 亚罗法（Yalova） | 亚罗法（Yalova） |
| 爱琴海（Ege） | 阿菲永（Afyon） | 阿菲永（Afyon） |
| | 艾登（Aydin） | 艾登（Aydin）<br>纳兹利（Nazilli） |
| | 代尼兹利（Denizli） | 代尼兹利（Denizli） |
| | 伊兹密尔（İzmir） | 伊兹密尔（İzmir）（Smyrna） |
| | 屈塔希亚（Kütahya） | 屈塔希亚（Kütahya） |
| | 马尼萨（Manisa） | 马尼萨（Manisa） |
| | 穆拉（Muğla） | 穆拉（Muğla） |
| | 乌萨克（Uşak） | 乌萨克（Uşak） |
| 白海（Akdeniz）（地中海） | 阿达纳（Adana） | 阿达纳（Adana）<br>杰伊汉（Ceyhan） |
| | 安塔利亚（Antalya） | 安塔利亚（Antalya） |
| | 布尔杜尔（Burdur） | 布尔杜尔（Burdur） |
| | 哈塔伊（Hatay） | 安塔基亚 Antakya（Antiochia）<br>伊斯肯德伦（İskenderun） |
| | 梅尔辛 Mersin（伊切尔 İçel） | 梅尔辛（Mersin）（伊切尔 İçel）<br>塔尔苏斯（tarsus） |
| | 伊斯帕尔塔（Isparta） | 伊斯帕尔塔（Isparta） |
| | 卡赫拉曼马拉什（Kahramanmaraş） | 卡赫拉曼马拉什（Kahramanmaraş） |
| | 奥斯曼尼菲（Osmaniye） | 奥斯曼尼菲（Osmaniye） |

续表

| 地区<br>(bölgesi) | 省 | 省会 / 主要城市 |
|---|---|---|
| 中阿纳多卢<br>(İç Anadolu) | 阿克萨赖(Aksaray) | 阿克萨赖(Aksaray) |
| | 安卡拉(Ankara) | 安卡拉(Ankara) |
| | 昌克勒(Çankırı) | 昌克勒(Çankırı) |
| | 埃斯基谢希尔(Eskişehir) | 埃斯基谢希尔(Eskişehir) |
| | 卡拉曼(Karaman) | 卡拉曼(Karaman) |
| | 开塞利(Kayseri) | 开塞利(Kayseri) |
| | 克勒克卡莱(Kırıkkale) | 克勒克卡莱(Kırıkkale) |
| | 克尔谢希尔(Kırşehir) | 克尔谢希尔(Kırşehir) |
| | 科尼亚(Konya) | 科尼亚(Konya) |
| | 内夫谢希尔(Nevşehir) | 内夫谢希尔(Nevşehir) |
| | 尼代(Niğde) | 尼代(Niğde) |
| | 锡瓦斯(Sivas) | 锡瓦斯(Sivas) |
| | 约兹加特(Yozgat) | 约兹加特(Yozgat) |
| 黑海<br>(Karadeniz) | 阿马西亚(Amasya) | 阿马西亚(Amasya) |
| | 阿尔特温(Artvin) | 阿尔特温(Artvin) |
| | 巴尔腾(Bartın) | 巴尔腾(Bartın) |
| | 巴伊布尔特(Bayburt) | 巴伊布尔特(Bayburt) |
| | 博卢(Bolu) | 博卢(Bolu) |
| | 乔鲁姆(Çorum) | 乔鲁姆(Çorum) |
| | 迪兹杰(Düzce) | 迪兹杰(Düzce) |
| | 吉雷松(Giresun) | 吉雷松(Giresun) |
| | 居米什哈内(Gümüşhane) | 居米什哈内(Gümüşhane) |
| | 卡拉比克(Karabük) | 卡拉比克(Karabük) |
| | 卡斯塔莫努(Kastamonu) | 卡斯塔莫努(Kastamonu) |
| | 奥尔杜(Ordu) | 奥尔杜(Ordu) |
| | 里泽(Rize) | 里泽(Rize) |
| | 萨姆松(Samsun) | 萨姆松(Samsun) |
| | 锡诺普(Sinop) | 锡诺普(Sinop) |
| | 托卡特(Tokat) | 托卡特(Tokat) |
| | 特拉布宗(Trabzon) | 特拉布宗(Trabzon) |
| | 宗古尔达克(Zonguldak) | 宗古尔达克(Zonguldak) |

续表

| 地区（bölgesi） | 省 | 省会/主要城市 |
|---|---|---|
| 东阿纳多卢（Doğu Anadolu） | 阿勒（Ağrı） | 阿勒（Ağrı） |
| | 阿尔达罕（Ardahan） | 阿尔达罕（Ardahan） |
| | 宾格尔（Bingöl） | 宾格尔（Bingöl） |
| | 比特利斯（Bitlis） | 比特利斯（Bitlis） |
| | 埃拉泽（Elazığ） | 埃拉泽（Elazığ） |
| | 埃尔津詹（Erzincan） | 埃尔津詹（Erzincan） |
| | 埃尔祖鲁姆（Erzurum） | 埃尔祖鲁姆（Erzurum） |
| | 哈卡里（Hakkâri） | 哈卡里（Hakkâri） |
| | 伊迪尔（Iğdır） | 伊迪尔（Iğdır） |
| | 卡尔斯（Kars） | 卡尔斯 Kars） |
| | 马拉蒂亚（Malatya） | 马拉蒂亚（Malatya） |
| | 穆什（Muş） | 穆什（Muş） |
| | 通杰利（Tunceli） | 通杰利（Tunceli） |
| | 凡（Van） | 凡城（Van） |
| 东南阿纳多卢（Güneydoğu Anadolu） | 阿德亚曼（Adıyaman） | 阿德亚曼（Adıyaman） |
| | 巴特曼（Batman） | 巴特曼（Batman） |
| | 迪亚巴克尔（Diyarbakır） | 迪亚巴克尔（Diyarbakır） |
| | 加济安泰普（Gaziantep） | 加济安泰普（Gaziantep） |
| | 基利斯（Kilis） | 基利斯（Kilis） |
| | 马尔丁（Mardin） | 马尔丁（Mardin）<br>基兹尔泰普（Kızıltepe） |
| | 尚利乌尔法（Şanlıurfa） | 尚利乌尔法（Şanlıurfa）<br>锡韦雷克（Siverek）<br>维兰谢希尔（Viranşehir） |
| | 锡尔特（Siirt） | 锡尔特（Siirt） |
| | 锡尔纳克（Şırnak） | 锡尔纳克（Şırnak） |

## ★ 中国驻土耳其使领馆

| 中国驻土耳其使领馆 | | |
|---|---|---|
| 名称 | 网址 | 电话 |
| 中国驻土耳其大使馆 | tr.chineseembassy.org/chn | 0090-312-4360628 |
| 中国驻伊斯坦布尔总领事馆 | istanbul.chineseconsulate.org/chn | 0090-212-2992188 |
| 中国驻伊兹密尔总领事馆 | Izmir.chineseconsulate.org/chn | 0090-535-8802656 |

## ★ 土耳其驻中国使领馆

| 土耳其共和国驻华使领馆 | | |
|---|---|---|
| 名称 | 地址 | 电话 |
| 土耳其驻华大使馆领事部 | 北京市朝阳区三里屯东5街9号 | 010-65321715 |
| 土耳其驻上海总领事馆 | 上海市长宁区中山西路1055号SOHO中山广场8楼806~808室 | 021-64746838/64746839/64747237 |
| 土耳其驻广州总领事馆 | 广州天河区珠江新城临江大道3号发展中心23A | 020-37853093 |
| 土耳其驻香港总领事馆 | 香港铜锣湾告士打道255-257号信和广场301室 | 00852-2572133 |

## ★ 土耳其应急电话

| 土耳其应急电话 | |
|---|---|
| 名称 | 电话 |
| 警察局 | 153 |
| 火警 | 110 |
| 交警 | 154 |
| 警察 | 155 |
| 查号台 | 118 |
| 急救 | 112 |
| 健康咨询 | 184 |
| 宪兵 | 156 |
| 市警察局(zabita) | 153 |
| 海岸卫队 | 158 |
| 森林火警 | 177 |

## ★ 土耳其各机构运营时间

| 土耳其各机构运营时间 | | |
|---|---|---|
| 名称 | 工作时间 | 备注 |
| 政府部门 | 8:30～12:30<br>13:30～17:30 | 周六和周日休息；旅游景点每天照常开放 |
| 银行 | 8:00～12:00<br>13:30～17:00 | 周六和周日休息；旅游景点每天照常开放 |
| 商店 | 9:30～19:00 | 在旅游地区，停业时间因地而异，有些商店午夜才停业 |
| 大集市－伊斯坦布尔 | 8:00～19:00 | 周日关闭 |
| 博物馆 | 9:00～17:00 | 周一休息，托普卡帕宫周二休息 |
| 在土耳其的爱琴海和地中海地区，政府部门和许多其他机构在夏季的下午都不办公。夏季办公具体由省长确定 | | |
| 在开斋节和古尔邦节宗教节日的第一天，所有的商店和集市都关闭。开斋节和古尔邦节分别持续3天和4天 | | |

## ★ 女性与儿童健康

### 女性健康

在土耳其旅行，女性卫生用品很容易获得，质量还比较好，避孕药品的选择比较多，也可以自己携带。

在土耳其气候炎热的地方，应保持良好的个人卫生习惯。可穿宽松的衣服和纯棉内裤，有助于防止真菌感染。尿道感染可能由脱水或长时间乘坐汽车而很少有机会上厕所所致，可携带适当的消炎抗生素。

### 儿童健康

儿童的抵抗力、耐性较差,出门旅游,应该注意选择卫生条件好、交通方便的旅游点。选择定点旅游,避免东奔西跑、天天换酒店。选择适合儿童游玩的安全项目。

儿童的衣物、食品、药品、手推车等,要在行前准备好。喝牛奶的宝宝,要携带多个奶瓶替换,晚上回酒店要用开水消毒洗净,最好携带保温杯。不要让孩子吃生冷的食物,如沙拉、冰水之类。

旅行时,婴幼儿可怀抱或让其坐手推车,可行走的幼龄儿童要由成人搀扶。儿童好动,旅游中可能发生擦伤、跌倒、扭伤,甚至骨折,家长要密切留意孩子的举动。

在坐飞机或坐车时,要帮助或督促儿童系好安全带(婴幼儿抱在怀中),不要让孩子随便走动,防止颠簸时碰撞而受伤。儿童的情绪波动大,哭闹有可能妨碍他人休息,所以应做好相应安排,如让他看图书、听故事。飞机起降时,儿童会感到耳朵痛,让他们喝奶、咬奶嘴、嚼糖果都会有助于减轻症状。

儿童旅游时,对外界的环境变化适应能力较弱,更容易产生水土不服的情况,发病率比成人要高,如他们吃饭少了或是活动少了,应注意孩子是否生病。如果孩子表现得不耐烦、疲惫,或是生病时,应该让他休息,而不应该带病出游。

对于身体状况不佳的孩子来说,父母应该在外出前到医院咨询儿科医生。出行前可以给孩子带些调节肠道功能的药、感冒退烧药、藿香正气水等,用来防治各种因素可能引起的不适。

策划编辑：马 瑞 安颖侠
责任编辑：安颖侠

**图书在版编目(CIP)数据**

土耳其旅行助手 /《出境旅行助手》编辑部编著.——北京：旅游教育出版社，2016.2
（出境旅行助手丛书）
ISBN 978-7-5637-3318-7

Ⅰ.①土… Ⅱ.①出… Ⅲ.①旅游指南—土耳其 Ⅳ.①K937.49

中国版本图书馆CIP数据核字（2016）第010687号

出境旅行助手丛书

**土耳其旅行助手**

《出境旅行助手》编辑部 编著

| | |
|---|---|
| 出版单位： | 旅游教育出版社 |
| 地　　址： | 北京市朝阳区定福庄南里1号 |
| 邮　　编： | 100024 |
| 发行电话： | (010) 65778403 65728372 65767462（传真） |
| 本社网址： | www.tepcb.com |
| E-mail： | tepfx@163.com |
| 印刷单位： | 北京利丰雅高长城印刷有限公司 |
| 经销单位： | 新华书店 |
| 开　　本： | 787毫米×1092毫米 1/32 |
| 印　　张： | 7.5 |
| 字　　数： | 163千字 |
| 版　　次： | 2016年2月第1版 |
| 印　　次： | 2016年2月第1次印刷 |
| 定　　价： | 39.00元 |

（图书如有装订差错请与发行部联系）